KB233492

변화하는 조직이 성장한다

Organizational Change

조직변화의 성공적 운영을 위한 가이드

변화하는 조직이 성장한다

Organizational Change

조직변화의 성공적 운영을 위한 가이드

박주희 지음

이담 Books

머리말

인간과 조직, 모두가 변화를 한다. 인간은 기분이나 취업 등 내·외부 요인의 변화가 있을 때, 변화를 시도한다. 이와 마찬가지로 기업도 내·외부 환경의 변화에 따라 변화를 시도한다. 특히 기업은 최근 환경의 급변으로 잦은 변화를 시도한다.

오늘날 변화는 기업에서 피할 수 없는 과제이다. 어제도 변화를 해왔고, 오늘도 변화를 하고 있으며, 내일도 계속 변화를 할 것이다. 기업이 변해야 한다는 것은 분명한 사실이다.

이러한 조직변화의 요구와 필요성에 따라 수많은 저서들이 출판되었다. 이외에도 세미나, 기사, 컨설팅회사 등을 통하여 변화에 성공하기 위한 처방이나 프로그램 등이 공개되기도 하였다.

이처럼 기업은 원하든 원하지 않든 수많은 변화의 유혹을 받는다. 조직이 성장을 하면 자연히 변화가 수반된다. 많은 기업의 조직변화 실패에도 불구하고 변화의 유혹을 받는다. 특히 조직변화에 성공한 기업들의 변화된 모습을 보면 더욱 강한 유혹을 받는다.

기업에서 변화가 왜 필요하며 왜 그렇게 해야 하는지는 이미 알고 있을 것이다. 그동안 간과되어왔던, 기업이 변화를 추진하는 과정에서 어떤 부분을 주의 깊게 읽고 중점을 두어야 하는지를 말하고 싶었다. 이것이 본서를 출판하게 된 목적이자 특징이다.

조직변화는 한두 해가 아니라 수십 년에 걸쳐서 진행되는 힘든 오랜 여정이다. 그런 만큼, 조직이 의도한 큰 변화를 한 번에 이루기보다는, 그것을 부분적으로 나누어 조그만 변화를 이루어 나가는 것이 바람직할 것이다.

처음의 조그만 변화가 조직에 어떠한 변화를 가져오는지를 경험해보면, 결국에는 당신이 원하는 수준의 조직변화를 성공적으로 수행할 수 있게 될 것이다.

경제가 어려운 여건에서도 본서를 출판해주고 좋은 구성으로 편집을 해준 관계자 여러분께 감사를 드린다. 본서의 미비한 부분은 추후 개정을 통하여 반영할 것을 약속드린다. 아울러 조직변화를 시도하고자 하는 기업 관계자 여러분의 성공을 기원한다.

壬辰年 正月

CONTENTS

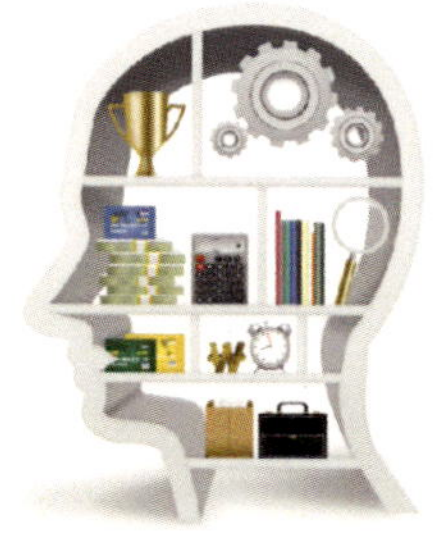

CONTENTS

PART 3. 조직변화의 에너지원 · 103

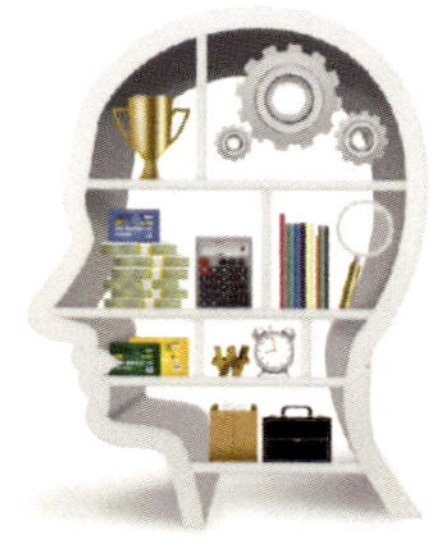

PART 4. 조직변화의 성공 · 129

PART 1
조직변화의 그림 그리기

1.
조직의 위기가 다가온다

조직이 성장하면 그것에 따라 조직도 변화를 하여야 한다. 만일 조직이 성장함에도 불구하고 조직이 변화를 하지 못한다면, 경영이 효율적으로 이루어지지 못한다. 조직이 성장함에 따라 조직은 일정한 변화의 과정을 거치게 된다.

조직은 내·외부 환경의 영향으로 변화(혁신)를 하게 된다. 근래에는 환경의 변화가 매우 빠르기 때문에, 그것에 적절히 변화를 하지 않으면 시장에서 도태하게 된다. 변화에 대한 이야기는 수없이 들어왔으며, 앞으로도 계속될 것이다.

조직(기업)을 빙산에 비유하여 보자. 지구 온난화의 영향으로 남극의 빙산이 녹고 있다. 빙산이 녹으면 균열이 생기는데, 이 틈에 물이 고이게 되고, 이 물이 얼고 녹는 것을 반복함으로써 팽창작용으로 빙산이 산산조각이 난다. 이는 유리병 속의 물을 얼리면 터져버리는 것과 같다. 다시 말하면, 내부팽창이 일어나 사소한 것(내부균열)이 위기를 불러오는 것이다.

이러한 빙산 위에서 생활하는 펭귄을 생각해보자. 펭귄에게는 무엇이 중요하고 무슨 대책이 수립되어야 할 것인가? 당신의 기업은 지금 어떤 환경의 변화가 다가오며, 그것에 대처하기 위한 대책은 무엇인가?

기업의 성패를 결정하는 중요한 요소 중의 하나가 고객의 인식이다. 기업의 첫인상, 불친절, 전화 응대, 고객서비스 등은 사소한 것일 수도 있다.

하지만, 이런 사소한 것들이 개선되지 않고 방치된다면, 고객은 발길을 돌리게 된다. 유리창에 균열이 발생하는 즉시 완벽하게 수리하여야 하는데, 그렇지 못하면 깨어진 유리창 때문에 기업은 위기에 처하게 된다.

깨어진 유리창처럼, 작고 사소한 것의 철저한 관리가 기업을 성공으로 이끈다. 수많은 식당들이 2년도 못 되어 자신의 잘못도 모른 채 문을 닫는데, 왜 그럴까? 그것은 많은 경영자들이 작고 사소한 것의 중요성을 모르기 때문이다.

변화의 방향이 무엇이든, 그 변화는 작은 것에서 시작된다. 기업이나 직원의 사소한 것이 큰 변화를 일으킴을 알아야 한다. 기업의 사소한 잘못이 기업을 위기로 이끌 수 있음을 알아야 한다.

2.
변화의 필요성과 대응은 다르다

조직에 위기가 다가오면 변화를 해야 한다. 변화에 대한 이야기는 수없이 들어왔다. 어제도, 오늘도, 내일도 계속될 것이다. 그리고 우리는 수많은 게시물을 본다. 변하지 않으면 죽는다! 변하지 않는 것은 없다! 세계가 변하고 있다! 변화만이 살길이다! 등등.

이 모두가 변화의 필요성을 역설하고 있다. 모두가 맞는 말이다. 그러면 위기의 책임은 어디에 있는가? 조직의 위기에 대한 일차적 책임은 경영자(리더)에게 있다.

그런데도 경영자는 조직의 위기를 외부의 변화 탓으로만 돌린다. 조직의 구성원이 변화에 대하여 부정적 반응을 보이면 "저항자" 또는 "방해자"라는 딱지를 붙인다. 조직변화는 리더들의 책임을 면제해주는 수단으로 곧잘 이용된다.

변화의 계기

변화는 기존의 익숙한 것과는 다르게 하는 것을 의미하는 것으로, 변화를 억제하는 요인(안정성 추구)보다 변화를 촉진하는 요인(변화를 추구)이 강할 때 일어난다. 기업에서 변화를 생각할 때는 반드시 계기가 있기 마련이다.

기업의 환경이 급변하였거나, 적자가 지속되었거나, 경영진의 교체가 일어난 경우 등이다. 기업의 변화가 필요할 때 변화를 억제하는 요인들로 어려움을 겪게 된다.

이러한 억제요인보다 변화하겠다는 요인이 우세한 경우에 변화는 시작된다. 변화를 촉진하는 요인으로 직원 개인의 성장욕구와 역량개발욕구, 사회경제적 변화, 관리기법의 도입 등을 들 수 있다.

모든 조직과 인간은 안정과 변화를 함께 추구한다. 안정 속에서 변화를, 변화 속에서 안정을 추구하는 것이다. 그래서 조직 내에서 안정을 추구하는 직원이 있는가 하면, 변화를 추구하는 직원도 있다.

변화가 필요한 조직에서 안정만을 추구하는 직원은 변화에 저항하는 사람이고, 이들은 비난의 대상이 된다. 이들에 대하여 비난하기 전에 다음의 생각을 해볼 필요가 있다.

－이들이 변화에 저항하는 정당한 이유가 있는가?

－변화 계획자에게는 없는 통찰력이 이들에게는 있는가?

− 이들에게 변화의 효과가 없을 것으로 여기는 분명한 이유가
  있는가?

변화에 대한 잘못된 인식

조직변화에 실패하거나 어려움에 봉착한 리더들은 잘못된 인식을 하는 경향이 있다. 리더들은 자신이 직원들을 변화시키며, 자신이 원하는 대로 신속하게 변화시킬 수 있다고 믿는 경향이 있다.

조직을 변화시키는 것은 경영자(리더)가 아닌 구성원들이다. 경영자는 변화의 촉진자이고, 구성원들이 변화의 주체이다.

조직이 변하기 위해서는 변화의 주체인 구성원들의 정서와 능력을 먼저 생각하여야 한다. 변화의 필요성이 이것들과 맞을 때, 조직변화는 성공할 수 있다. 변화의 필요성과 그것에 대응하는 방식은 서로 다른 문제인 것이다.

조직변화는 조직의 구성원들이 현재의 방식과 행동을 버려야 한다는 요구가 조직 내부에 있고, 그 요구를 실행에 옮겨 변화의 성공을 거두는 것은 그들의 지지 여부에 달려 있음을 의미한다.

변화의 필요성과 능력의 조화

변화의 필요성과 변화를 추진하는 구성원들의 정서가 맞아야, 조직변화의 성공을 기대할 수 있다. 환경변화에 적응하기 위해, 마구잡이식의 변화로는 성공을 거두기 어렵다.

환경변화에 적응하기 위해 조직이 변화해야 하지만, 아무렇게나 하는 방식의 변화로는 목적을 달성하기 어렵다. 변화를 성공적으로 이행할 능력이 있고, 변화의 방식을 구성원들이 소화할 능력이 있을 때, 조직변화가 성공을 보장할 수 있다.

조직변화에서 중요한 진정한 문제는 경영자(리더)가 변화를 추진할 필요성과 조직의 효과적인 변화능력 사이에서 균형을 맞출 수 있는가 하는 것이다.

무조건적인 변화 또는 유행을 따르는 변화보다는 구성원들이 잘 따르고 진행(추진)할 수 있는 변화이어야, 조직변화가 성공을 거둘 수 있다.

3.

변화를 자극하고 기회를 포착한다

조직변화는 구성원의 태도에 변화가 있을 때 가능하다. 기업들의 경험에 의하면, 조직의 공식적 구조나 시스템을 변경하기만 하면 구성원들의 행동을 변화시킬 수 있는 것으로 잘못 알고 있다. 실제로 교육만으로는 구성원들의 태도를 변화시키기 어렵다. 구성원들을 변화시키려면 그들을 새로운 조직적 상황 속에 두지 않으면 안 된다.

변화의 자극

변화에 참여하는 구성원들은 현실적으로 다음과 같은 4가지 유형의 행동을 보인다. 이러한 행동은 조직변화에서 바람직하지 않다.

구성원은 자신의 생각이 소수라도 옳다고 생각되는 것을 분명히 밝히고, 자신이 참여하고 싶은 조직과 물려주고 싶은 조직의 창조에 도움이 되는 방향으로 변화를 지지할 수 있어야 한다.

- 변화가 성공하리라는 확신이 들 때까지 변화에 대한 지지를 유보한다.
- 상사들이 이 변화를 지지한다면 나도 동참할 것이다.
- 조직의 정책들이 프로젝트와 일치되면 동참하겠다.
- 내가 참여한다고 무슨 차이가 있겠는가를 생각한다.

경영자(리더)는 이러한 구성원의 행동이 변화를 보이도록 자극을 하여야 한다. 일반적으로, 리더가 변화를 자극하는 방법은 자신의 지시를 따르게 하는 것이다. 여기에는 2가지 방법-복종과 설득-이 있다.

먼저 추종자가 복종하여 리더를 따르는 데에는 개인적 손실을 감수하는 것 외에는 선택의 여지가 없다. 즉, 따르지 않으면 안 되기 때문에, 리더의 지시를 따르는 것이다.

그리고 설득을 통해서도 리더의 지시를 따른다. 추종자가 설득형의 리더를 따르는 데에는 여러 이유가 있다. 그들이 원해서 또는 그렇게 하는 것이 순리이기 때문이다.

이것이 가능한 이유는 추종자가 리더의 전문성이나 능력을 인정하거나, 리더의 가치에 공감을 하거나 또는 리더를 신뢰하기 때문이다.

지시형 리더와는 달리 설득형 리더는 추종자들로 하여금 조직의 변화를 수용하고 적극적으로 동참하도록 자극할 수가 있다. 리더와 추종자 사이에 신뢰관계가 형성되었다면, 리더가 가는 길을 추종자도 기꺼이 따를 것이다.

기회의 포착

조직의 환경변화에서 위기가 오면, 그것을 극복하기 위해서 변화를 시도한다. 위기가 조직을 변화로 이끈다. 조직은 어떻게 변화하며 변화의 기회를 어디서 잡을 것인가?

조직은 어떻게 변화를 할까? 연구에 의하면, 조직은 2가지 방법－과감한 행동과 진화적 적응－으로 변화를 한다.

조직이 과감한 행동을 통해서 변화하는 경우, 변화는 단절되고 조직은 변화하도록 강요받는다.

그리고 조직이 진화론적 적응을 통해 변화하는 경우에는 평온하면서도 분산된 변화가, 시간이 경과하면서 광범위하고 지속적인 변화가 일어난다.

이에 대하여, 전문가들은 경영자(리더)들에게 조용한 혁명가가 되기를 권한다. 남의 눈에 띄지도 않으면서 조용하고 지속적으로 변화를 이루어나가기를 원한다.

다음의 예에서 당신은 어떠한 변화를 추진하겠는가? 그리고 변화의 기회를 어디에서 잡을 것인가?

어느 한 대기업의 회계부서에서 일하는 홍길동은 쓰레기의 감축에 온 힘을 쏟고 있다. 심지어 종이를 절약하기 위해 문서의 행간 여백을 없애거나 활자의 크기를 작게 하여 양면으로 인쇄할 정도였다. 그가 하루는 회사 카페테리아에 들렀다. 그는 그곳에서 어떤 직원이 포장된 샌드위치를 구입하는 즉시 포장상자를 버리는 장면을 목격했다. 그는 카페테리아 매니저에게 미소 지으며 말했다. "매니저님, 오늘따라 샌드위치가 아주 맛있어 보입니다. 그런데 나는 이런 생각을 해보았어요. 사람들이 요구할 때만 포장을 해주는 것을요!" 그리고 그는 매니저에게 이런 작은 변화로도 포장비용을 많이 줄일 수 있다고 말했다.

이러한 상황에서 만일 당신이 홍길동이라면 매니저를 불러 호통을 치면서 당장 낭비를 줄일 수 있는 방법을 강구하라고 지시를 내릴 수도 있다. 그러나 당신이 만일 조용한 혁명가라면 다음의 단계를 밟을 것이다.

첫째, 소동을 일으키지 않고 쉽게 할 수 있는 일에 초점을 두어 가시적인 성과를 거두도록 한다.

둘째, 매니저의 판단을 비난하지 않고 나 자신의 계획에 매니저를 참여시키도록 한다.

셋째, 카페테리아에 이익이 된다는 점을 부각시킨다.

넷째, 매니저와 대화를 하여, 그녀가 매장 직원들에게 대화의 내용을 전하도록 하고, 변화를 하도록 할 것이다.

4.

누가 변화를 추진하는가?

변화를 추진하는 사람은 경영자와 구성원들이다. 경영자와 구성원이 함께 변화를 추진한다. 경영자가 무엇을 변화시키고 싶은지를 결정하고 나면, 그것에 따라서 구성원들이 주축이 되어 변화를 추진한다.

경영자(경영진)

경영자는 변화의 촉진자 또는 추진자로서 구성원들의 변화에 대한 의욕을 강화하고, 변화를 진행할 능력을 평가하여야 한다. 먼저 구성원의 변화에 대한 의욕을 강화시키는 방법을 살펴보자.

변화에 대한 의욕과 변화된 행동은 다르다. 그러나 변화에 대한 의욕이 강하면, 행동이 변화될 가능성은 그만큼 크다. 리더의 행동만이 아니라 추종자의 특징도 그들의 행동에 영향을 미친다.

구성원이 변화를 수용하는 행동을 보이는 것은 다음의 3가지 질문에 대한 답에서 알 수 있다.

- 내가 과연 잘해낼 수 있을까?
- 성공(실패)하면 나는 어떻게 될까?
- 성공에 따른 보상이 나에게 얼마나 가치가 있을까?

다시 말하면, 내가 성공할 수 있다는 자신감이 있고, 성공이 나에게 가치가 있는 것이라면, 추종자는 변화에 대한 의욕이 강해진다. 반대로 내가 변화에 성공할 가능성이 적고 어떤 보상이 주어지든 그것은 중요하지 않다면, 변화에 대한 의욕은 약해진다.

앞의 3가지 질문에 대한 평가에는 리더와 조직이 많은 영향을 미친다. 첫째와 두 번째 질문은 추종자의 개인적 특징이라도, 여기에는 리더에 대한 추종자의 신뢰가 많은 영향을 미친다.

두 번째 질문에 대한 평가는 리더 외에도 조직의 영향을 받는다. 성공을 하면 보상을 받지만, 그것에 대한 믿음이 없다면 추종자의 의욕은 줄어들 수밖에 없다.

그리고 세 번째 질문에 대한 평가는 개인의 가치관과 밀접한 관련이 있어, 리더와 조직의 영향을 비교적 적게 받는다. 그러나 상사나 조직으로부터의 인정, 특히 추종자가 신뢰하고 존경하는 리더로부터 노력에 대한 인정은 그 무엇과도 바꾸고 싶지 않을 것이다.

다음은 구성원들이 변화를 진행할 능력을 평가하여야 한다. 조직이 변화를 시작하면서 할 일은 구성원들이 변화를 진행할 능력이 있는지를 평가하여야 한다.

변화를 진행하고 받아들이는 사람은 직원들이기 때문에, 이들이 변화를 진행할 능력이 있을 때 변화가 성공을 거둘 수 있다.

이를 위해, 변화를 추진할 능력이 구성원들에게 있는지를 평가해보아야 한다. 변화를 수용하여도 그것을 추진할 능력이 없다면 어떻게 될까? 변화에 대한 의욕과 함께 그것을 추진할 수 있는 능력과 함께 그것을 평가 할 수도 있어야 한다.

조직변화와 관련하여 조직이 요구하거나 지시하는 행동을 해낼 수 있는 직원 개인의 능력은 무엇이 결정할까? 여기에는 다음의 2가지 문제가 있다.

- 개인이 새로운 행동을 수행할 지식이나 능력을 갖추고 있는가?
- 개인이 새로운 요구조건에 적응할 신체적·정신적·감성적 능력(에너지)을 갖추고 있는가?

첫 번째 문제는 가장 기본적이면서도 잘못 관리되는 경향이 있다. 새로운 행동에는 새로운 지식이나 기술 모두가 필요한데도, 마음만 먹으면 새로운 행동을 완벽하게 익힐 수 있다는 잘못된 믿음을 가지고 있다.

골퍼(Golfer)가 골프채를 바꾸면 성적이 떨어진다. 그것은 왜 그럴까? 그 해답은 학습곡선이다. 골퍼가 새로운 골프클럽의 특징을 자신의 스탠드와 그립, 스윙에 결합하여야 하는데, 이렇게 하는 데 시간이 걸리기 때문이다. 학습이 필요하기 때문이다.

세계적인 골퍼인 타이거 우즈(Tiger Woods)도 스윙자세를 교정하는 데 1년 이상이 걸린다고 한다. 구성원이 조직이 요구하는 새로운 행동을 익히는 데 어찌 시간이 걸리지 않겠는가? 그 시간은 개개인에 따라 저마다 다르다.

직원들이 새로운 루틴을 습득하고 새로운 행동을 학습하여, 조직의 새로운 요구조건에 적응하기 위해서는, 개인의 차이를 인식하고 거기에 알맞은 계획을 세워 변화 이후의 성과를 끌어올리지 않으면 안 된다. 직원들이 자신의 업무 루틴에 변화가 생기면, 조직의 요구조건에 어떻게 반응하는지 살펴보아야 한다.

구성원

경영자의 지시를 따르는 구성원은 특정한 일을 진행할 수 있는 지위적 권한이 없이, 변화의 성공에 필요한 구체적인 일의 수행이 어렵다. 이러한 하위 리더는 변화를 주도하는 사람, 체인지 리더는 아닐지 몰라도, 변화의 성공에서는 아주 중요한 사람이다.

조직에서 변화가 일어나려면 하위 계층에 있는 사람들이 변화를 받아들이고, 구체화시키며, 변화에 앞장서야 한다. 이러한 의미에서 구성원들은 경영자와 함께 변화의 주체인 것이다.

대대적인 조직변화는 일반적으로 리더(상위 리더)가 여러 명이고, 각 리더에게는 그들의 부하직원이 있어, 서로 다른 조건의 자율권과 자원, 권한, 영향력들을 이용하고 있다.

상위 리더는 경영진을 제외한 구성원들이다. 이들이 변화를 이끄는 리더가 된다. 조직개편을 하기로 결정되었다면, 그 변화를 이끌 수 있는 최적임자를 선정하여야 한다.

이때, 그들의 전문적 기술, 체인지 리더십 기술을 다뤄본 경험, 변화와 환경의 속성을 고려하여야 한다.

- 변화를 제안한 사람이 변화를 이끌어야 하는가?
- 그렇게 해야 하는 이유와 그렇게 해서는 안 되는 이유는 무엇인가?
- 변화를 이끌 최적임자가 이 변화를 끝까지 완수할 수 있을까?
- 그가 변화를 완수하는 데 필요한 조건은 무엇인가?

체인지 리더가 되기 위해서는 자신들의 능력을 돌아보고 자신들이 가진 영향력을 현실적으로 평가하여야 한다. 또한 자신들이 맡은 다른 책임, 이 변화를 완수하는 데 필요한 시간과 노력을 투자할 수 있는가의 문제를 정직하게 판단하여야 한다.

5.

무엇을 변화시킬 것인가

조직에서 무엇을 변화시킬 것인가? 조직변화에서 중요한 것의 하나가 변화의 대상이 무엇(What)인가이다. 변화의 대상이 불분명하기 때문에, 조직변화가 현실적으로 성공을 거두지 못하고 있다. 한 자료에 의하면, 조직변화의 성공률은 20% 이하라고 한다.

조직을 변화시키기 위해서는 조직의 청사진을 제시하여야 한다. 조직이 미래에 추구하는 것이 무엇이며, 어떤 모습으로 변화될 것인지 구체적으로 제시되어야 한다.

우리는 진정 어떤 종류의 조직이 되기를 원하는가에 대해 답할 수 있어야 한다. 바람직한 조직의 미래에 대한 의견의 일치를 보면, 이에 상응하는 비전과 사명문 등이 작성된다.

펭귄이 생활하는 빙하가 녹아내리는 위기에서, 펭귄은 무엇을 변화시켜야 할까? 그들에게는 빙하를 녹아내리지 않게 하는 방법의 강구가 아닌, 그들의 생활방식을 바꾸는 것이 되어야 할 것이다.

변화 대상 선정의 어려움

그렇다면, 기업에서는 무엇을 변화시켜야 할까? 그것이 무엇이든 상관없다. 앞에서 언급한 깨어진 유리창의 한 유형일 수도 있고 조직개편일 수도 있다.

중요한 것은 변화될 조직의 청사진이 무엇인가이다. 만일 그것이 구조조정, 정리해고, 리더십변화, 비용절감 등이라면, 당신의 조직에서 가장 적합한 변화의 방법은 무엇인가?

미국의 MS(마이크로소프트)는 2005년에 대대적인 조직개편(조직축소)을 하였으며, 그보다 수년 전에는 자율권 보장과 의사결정의 속도를 높이기 위해 반대의 방식인 조직확대를 했었다. 집중형과 분산형 중에서 어느 방법이 옳다는 것인가?

이러한 현상에 대해 다음의 질문을 해볼 수 있을 것이다. 아니 반드시 질문을 해보아야 할 것이다.

－변화의 방식이 이것이어야 하는가?

－변화의 방식 중에서 어느 방식이 최선인가?

－이 방식이 성공을 위한 조건이면 그 대책은 무엇인가?

경영자들은 조직을 변화시킬 그 무엇을 이미 정해진 일이나 직감으로 알 수 있는 것으로 여기곤 한다. 심지어 조직의 리더가 실행한 변화를 따라 하거나 자신이 다른 환경에서 실행한 변화를 그대로 하는 변화를 추진한다.

변화 대상의 선정

기업에서 일어나는 변화의 종류에는 여러 가지가 있을 수 있다. 예를 들어, 소비자 기호변화에 따른 상품의 변화 및 마케팅방식의 변화, 조직문화의 변화, 생산방식의 변화, 근무환경의 변화, 인사관리의 변화 등이 있다.

예를 들어, 시장에 나온 지 100년이 넘는 가장 오래된 등록상표는 동화약품의 활명수이다. 이 활명수도 시대에 따라 진화를 거듭하였다. 기존의 활명수에 탄산가스를 첨가해 청량감을 더한 까스활명수가 발매되었으며, 최근에는 오약, 지실, 감초 등을 추가해 소화력이 강화된 활명수골드도 나왔다.

이러한 변화는 크게 하드웨어적인 변화(정보시스템, 프로세스, 상품, 근무환경 등)와 소프트웨어적인 변화(가치관, 문화, 마인드셋, 역량 등)로 구분될 수 있다. 예로 든 활명수는 소비자의 선호도 파악 및 내부 역량개발을 통한 지속적 변화를 하여, 오늘날 시장점유율 70% 이상을 유지할 수 있었다.

그렇다면, 기업에서 변화시킬 무엇을 어떻게 선정하여야 할까? 기업이 안고 있는 문제(과제)가 해결책이 될 수 있다. 만일 당신의 조직에 과다한 비용지출이 문제라면, 비용절감의 여러 대안(감원, 통폐합, 프로세스의 개선 등) 중에서 가장 효과적인 것이 당신이 변화시켜야 할 무엇이 될 것이다.

조직에서 변화의 방향은 다음과 같은 것이 될 수 있을 것이다.

- 일하는 방법을 쉽고 간단하게 한다.
- 비정형화된 업무는 표준화하고 표준화된 업무는 시스템화한다.
- 혁신을 실행하는 문화를 구축한다.

변화의 대상이 무엇이든, 모든 변화의 공통점은 "기업은 긍정적 성과를 창출하기 위하여 변화를 시도하며, 어떠한 형태든 성과로 측정되지 않는 변화는 무의미하다"는 것이다.

그리고 변화시키는 무엇을 결정하는 단계에서 경영자는 체인지 리더(change leader)로서 자기본성적·자기성찰적이어야 하며, 다른 사람들(구성원)을 참여시켜야 하며, 여러 대안을 만들고 평가하는 창의성을 발휘할 수 있어야 한다.

6.
어떻게 변화시킬 것인가

무엇을 변화시킬 것인가가 결정되면, 다음은 그것을 어떻게 (how) 진행시킬 것인가를 결정하여야 한다. 다시 말하면, 어떻게 변화를 일으킬 것인가를 결정하여야 한다. 변화를 어떻게 일으킬 것인가는 기존의 저서에서 많이 다루어졌다.

변화에 성공하려면 비전을 분명히 밝히고, 효과적인 의사소통을 하고, 직원들을 격려하고, 변화의 결정과정에서 구성원들을 참여시키고, 새로운 행동의 역할모델이 되고, 변화를 가로막는 장애물을 제거하라고 하였다.

그러나 여기서는 변화관리의 필요성을 중심으로 변화관리팀은 어떻게 구성하고 변화에 대한 교육과 평가 등에 대하여 살펴보기로 한다. 변화관리는 변화를 일으키는 과정에서 특히 중요하다.

변화관리의 필요성

이것으로는 충분하지 않다. 변화관리를 잘하여야 한다. 변화관리란 변화의 과정에서 발생하는 충격과 저항 등의 고통을 완화시키면서 구성원들이 변화에 동참하도록 하는 활동이다. 다시 말하면 구성원들이 환경변화에 동참하도록 지원하는 체계적인 활동인 것이다.

변화관리를 빙산에 비유하면, 크루거(Kruger)는 물 밖에 드러난 빙산의 10%만이 관리된다고 한다. 가시적으로 보이는 비용(Cost), 품질(Quality), 일정(Time) 등만이 관리(issue management)된다는 것이다.

이 외에도 변화와 관련된 모든 이해관계자도 고려하여야 한다는 것이다. 다시 말하면, 수면 아래에 있어 보이지 않는 반대자(Opponents), 촉진자(Promoters), 숨어 있는 반대자(Hidden Opponents), 잠재적 촉진자(Potential Promoters) 등도 변화를 위해 고려되어야 한다는 것이다.

변화가 성과를 이끌어내는 가시적으로 보이는 것 이외에 잠재적인 요소와 그에 따른 이해관계자들까지도 충분히 고려되어야 한다. 이러한 변화관리가 필요한 이유는 다음과 같다.

- 변화의 충격을 완화하기 위해서
- 구성원들의 협조를 얻기 위해서
- 방관자와 저항자를 동참자로 이끌기 위해서

변화관리팀의 구성

　조직에서 변화를 일으키기 위해서는 변화관리팀을 조직하여
야 한다. 변화관리팀의 역할은 변화가 조직에 정착할 수 있도록
홍보·교육·인프라구축 등을 하는 것이다. 변화관리팀은 CEO,
컨설턴트, 조직의 핵심인력 등으로 구성한다.

　변화관리팀의 구성원으로 적합한 사람은 혁신의 성공경험이
있는 자, 경험이 풍부하고 근무성적이 우수한 자, 기획력과 설득
력이 있는 자, 인간관계가 원만한 자 등이다. 한편, 자기개성이
강한 사람은 팀의 구성원으로 부적합하다.

　변화관리팀의 역할의 하나인 홍보의 내용으로 혁신의 비전, 현
재의 문화와 바람직한 문화, 현재진행 중인 변화의 단계, 새로운
시스템의 소개, 변화된 기업과 직원의 모습 등이 있다.

　그리고 변화관리팀은 CEO와 잦은 의견교환을 하고, 긍정적이
고 적극적인 사고를 가져야 한다. 특히 공(功)은 부서로 돌리고,
부서가 해결하기 어려운 문제를 해결하도록 하는 것이 중요하다.

변화의 교육과 평가

　변화관리를 잘하기 위해서는 변화에 따른 교육과 평가를 시행
하여야 한다. 먼저 변화교육으로 변화관리 추진요원, 경영자, 관

리자, 직원 등에 대한 교육이 있다.

- 변화관리 추진요원의 교육(새로운 혁신을 위한 혁신담당 부
  서원들에 대한 교육)
- 경영자 교육(혁신의 주요 내용이나 경영자가 해야 할 임무
  나 리더십을 교육)
- 관리자 교육(직원들과 가장 많이 접촉하고 영향력을 행사하
  는 이들에게 혁신의 방법을 정확하고 상세히 교육)
- 직원 교육(교육은 끊임없이 지속적으로 한다. 경영혁신 도구
  의 이해, 소프트웨어 사용법, 자신들의 업무가 어떻게 변화
  하는지 등을 구체적으로 교육)

다음은 변화가 일으킨 성과에 대한 평가인 변화의 평가는 고
객 만족도 조사와 직원만족도 조사가 있다. 고객 만족도 조사는
변화의 궁극적 목표가 고객이기 때문에 반드시 필요한 조사다.
한편, 고객 만족은 직원만족에서 비롯되는 만큼 직원만족도 조사
도 필요하다. 직원이 만족할 때 고객이 만족하기 때문에, 직원만
족도 조사는 지속적으로 시행되어야 한다.

변화의 영향요인

우리들은 조직변화에 대한 이야기를 수없이 들어왔고, 앞으로

도 계속적으로 조직변화를 추진할 것이다. 조직변화가 성공하기 위해서는 무엇을 변화시킬 것인지를 분명히 하고, 그것을 어떻게 의미 있고 활기차게 일으킬 것인지를 분명히 해야 한다.

이를 위해, 변화의 방식인 어떻게(how)에 영향을 미치는 요인－구성원과 조직환경－을 살펴보아야 한다.

변화를 진행하는 구성원: 여기서는 변화를 진행하는 구성원을 변화를 리드하는 상위 리더와 변화를 받아들이는 추종자(하위 리더)를 나누어 설명한다. 조직변화의 성공은 변화를 진행하는 구성원이 누구인가에 따라 다르다.

경영진이 아닌 구성원들 중에서 변화를 이끄는 체인지 리더가 된다면, 조직변화의 성공에 한 걸음 다가간다. 왜냐하면, 그는 구성원들이 변화에 대한 행동과 사고방식에 대해 잘 알고 있고, 변화의 목표달성에 적합한 방식의 진행이 가능하기 때문이다.

그러한 변화를 받아들이는 구성원의 특징도 조직변화의 성공에 영향을 미친다. 변화를 받아들이고 추종자(상위 리더를 제외한 구성원)들의 특징에 따라 변화의 방해자가 될 수도 있고 변화의 촉진자가 될 수도 있다. 이들에 관한 정보나 증거를 찾아보아야 할 것이다.

조직의 환경: 조직의 환경은 조직의 여건이다. 조직의 여건이 어떤 상태에 있는가에 따라, 성패는 달라질 수 있다. 조직의 여건은 저마다 다르며, 내부환경과 외부환경이 있다.

먼저 내부환경은 조직이 변화를 받아들일 준비가 되어 있는가이다. 조직의 구조, 프로세스, 변화수용의 증거, 변화의 지원에 필요한 자원의 가용성, 직원들의 업무부담 등이 내부환경이다.

외부환경은 정치·경제·사회의 상황, 노동시장의 상황, 해당 산업의 변화, 관련 조직의 상황 등이다. 체인지 리더는 내부환경과 외부환경의 변화를 촉진할 수 있는지를 평가하여야 한다.

이상에서 조직변화의 진행(성공)에 영향을 미치는 두 요인을 살펴보았다. 이 2가지 요인을 고려하여 조직변화의 진행을 결정하여야 할 것이다. 변화를 계속 진행할 것인지, 아니면 변화를 중단할 것인지를 결정하여야 한다.

- 의도한 변화를 계속 진행할 경우, "어떻게"를 구체적으로 개발한다.
- 사전에 조정(변경)을 한 후에 계속할 경우, 변화의 시기를 조정한다.
- 의도한 변화를 중단하여야 할 경우, 무엇을 다시 생각(변경 또는 포기)한다.

7.

변화는 어디서부터 시작하는가?

변화는 어디서부터 시작하는가? 그것은 바로 구성원의 마음가짐이다. 구성원 자신이 변화를 전파하는 사람이 되어야 하며, 열정을 지속적으로 유지할 수 있어야 한다.

그러한 사람이 되기 위해서는 변화를 이끄는 역할을 업무의 부분으로 인정받아야 된다. 하지만, 대개의 기업들이 업무의 초점을 가시적 성과의 산출에 두고 있어, 변화의 역할을 업무로 인정받기 어려운 것이 현실이다.

그리고 구성원들은 자신이 긍정적으로 변화하고 있다는 것을 보여주기 위해 무언가 지속적으로 일이 잘 진행되고 있음을 외부에 알려주어야 하며, 평가를 잘 받기 위한 근거와 자료를 꾸준히 만드는 작업도 필요하다.

또한 높은 상사에게는 변화 프로세스의 도입으로 반복되는 실수나 문제점이 서서히 줄었음을 도표로 보여줄 수 있어야 한다.

그것의 평가에서 모두가 변화의 장점을 인식하고, 이것이 긍정적으로 바뀌어 현재 잘 적용되고 있다고 팀원들이 느끼도록 할 수 있어야 한다.

변화를 시작할 수 있다는 열정과 마음가짐을 가졌다면, 조직에 변화를 가져오기 위한 작업을 하여야 한다. 그것은 바로 사람을 얻는 것이다. 나의 사람을 만들어 나와 같이 생각을 나누어, 점진적으로 혁신의 생각을 전파해가는 것이다.

인맥이 넓은 연결자(connector)를 통해 사람을 소개받아서, 그와 함께 나의 아이디어와 생각을 다듬어 신뢰성을 확보하고, 나아가서 상사의 지지를 얻도록 하여야 한다. 그리고 연결자를 통하여 혁신가(innovator) 성격의 사람을 찾아내어 변화를 만들어가야 한다.

연결자를 통하여 나의 생각을 공유할 사람을 소개받아도, 그 사람을 설득할 만한 공감을 얻어내기는 어렵다. 실제로 논리적으로 설득을 하더라도 저항을 불러올 수 있어, 대화(토론) 시에 접점을 찾는 것이 중요하다.

그리고 조그만 성과가 있을 때, 그에게 항상 격려와 고마움을 표시하는 것도 중요하다. 감사의 카드나 조그만 선물을 나누기 위해, 개인적으로 만나서 감사함을 표현해주는 것이 중요하다. 조그만 성공에 감사를 표시하여, 변화가 발생하였다는 긍정적 이미지를 모두와 함께 공유하고 계속해서 변화를 이끄는 리더를 격려해야 한다.

하지만, 너무 잦은 칭찬은 역효과를 불러일으킬 수 있으므로 주의해야 한다. 상대방에게 개선점을 전달할 때도 주의해야 한다. 이때에는 칭찬을 먼저 하고 뒤에 개선점을 말하는 것이 바람직하고, 그것이 상대방에게 긍정적인 생각을 이끌어낸다.

변화에 대한 저항

조직이 변화를 하는 과정에서 구성원의 저항에 부딪히는 경우가 있다. 경험이 있는 리더는 대체로 이런 사실을 잘 알고는 있지만, 조직이 변화를 시작하기 전에 어떤 구성원이 어떤 이유로 변화에 저항할 것인지 체계적으로 평가하는 경우는 극히 드물다.

리더들은 흔히 자신의 과거 경험에 비추어 직관적으로 평가하는 경우가 많다. 예를 들어, "엔지니어들은 독립적인 데다 경영진의 결정을 의심하는 경향이 크기 때문에 변화에 저항할 것"이라고 생각하는 식이다.

이런 접근방식은 심각한 문제를 야기할 수 있다. 개인이나 조직이 변화에 반응하는 방식은 매우 다양하기 때문에, 직관보다는 심사숙고하여 올바른 평가를 내려야 한다.

조직변화의 영향권 안에 있는 사람들은 누구나 어느 정도 감정의 혼란을 겪는다. 심지어 '긍정적'이거나 '합리적'으로 보이는 변화에도 불확실성이 수반된다.

각 개인이나 조직이 변화에 대응하는 방식은 매우 다양하다. 수동적으로 변화에 저항하기도 하고, 변화가 미치는 영향력을 줄이기 위해 적극적으로 노력하기도 하며, 적극적으로 변화를 수용하기도 한다.

리더가 조직변화에 대하여 구성원들이 어떤 형태의 저항이 나타날지 예측하고자 한다면, 변화에 대하여 저항이 발생하는 이유를 알아야 한다.

가장 보편적인 이유는 가치 있는 무언가를 잃고 싶지 않아서, 변화 자체 및 변화가 의미하는 바에 대한 오해 때문에, 변화가 해당 조직에 어울리지 않는다는 믿음 때문에, 변화에 대한 인내심이 부족하기 때문이다.

이러한 변화에 대한 다양한 이유만큼, 변화의 원인도 다양하다. 변화의 원인으로 편협한 이기심, 오해와 신뢰부족, 서로 다른 평가 등이 있다.

편협한 이기심: 구성원들이 조직변화에 저항하는 이유 중에서, 변화로 인해 가치 있는 무언가를 잃지 않고 싶은 욕망은 바로 편협한 이기심에서 나온다.

이런 경우 사람들은 조직 전체의 이익보다 자신의 이익을 더 중요시하게 되고, 조직변화에 대한 저항은 '정치' 또는 '정치적인 행동'으로 나타난다.

한 예를 들어보자. 최근 급격한 성장을 한 기업이 있었다. 사장은 기업의 규모가 커진 만큼 신제품 기획·개발 부서를 새로 만들어 새로운 부사장 아래 두기로 결정을 내렸다.

이러한 변화가 진행이 되면, 신제품 개발과 관련된 기존의 여러 부서(마케팅, 엔지니어링, 생산 부서)에서 갖고 있던 의사결정권 대부분이 사라지고, 한편 이들 부서와 관련된 부서장들의 의사결정 권한도 줄어들게 된다.

신제품 개발의 업무를 담당할 새로운 부사장을 뽑겠다고 공식 발표한 이후, 기존의 관련 부서장들은 하나같이 새로운 방식이 쓸모없는 이유를 들고 사장실을 찾았으며, 그들의 목소리는 갈수록 커져갔다. 사장은 결국 새로운 아이디어를 포기하고 말았다.

이처럼, 특정한 개인이나 집단의 이해관계가 조직 전체나 다른 개인 및 집단의 이해관계와 일치하지 않을 때, 조직변화를 위한 노력이 진행되기 전이나 진행되는 단계에서 정치적인 행동이 나타나게 되는 것이다.

정치적인 행동은 원하는 것을 얻을 때까지 싸우는 것이 일반적이지만, 겉으로 드러나지 않고 미묘한 경우도 있다. 대부분 정치적인 행동은 공식적인 대화로 나타나지 않을 때가 많다.

오해와 신뢰부족: 변화가 의미하는 바를 이해하지 못하고 변화로 인해 얻는 것보다 잃는 것이 많다고 생각하면 변화에 저항하기도 한다. 변화를 도입하려는 리더와 구성원(직원)들 간에 신뢰가 부족할 때 이런 상황이 종종 발생한다.

예를 들어, 한 기업의 사장은 직원들이 반발할 수 있다는 생각을 전혀 하지 못하고, 탄력근무제를 시행하겠다고 발표했다. 사장은 한 세미나에 참석하면서, 탄력근무제의 개념을 접하게 되었고 업무환경을 개선하기로 마음을 먹었다.

탄력근무제 시행의 발표 직후, 직원들 사이에 소문이 떠돌기 시작했다. 밤이든 주말이든 상사가 요구할 때면 언제든 일을 하는 것이 탄력근무제라는 소문이었다. 직원들은 탄력근무제가 무엇인지 전혀 알지 못했으며, 그들 대부분이 생산담당 부사장을 불신하고 있었다.

노동조합은 회의를 소집해 경영진에게 탄력근무제를 취소해 줄 것을 요청했으며, 협상은 없다고 선언하였다. 직원들의 반응에 너무도 놀란 사장은 결국 그들의 뜻에 따르고 말았다.

구성원과 경영진(리더) 간에 신뢰도가 높은 경우는 드물다. 이 때문에 변화를 시도하고자 할 때 오해가 빚어지는 경우가 많다. 리더들이 오해가 생겼다는 사실을 인정하고 재빨리 수습하지 않으면, 오해는 저항으로 이어지게 된다.

서로 다른 평가: 직원들이 조직변화에 저항하는 또 다른 이유는 경영진이나 변화를 이끄는 리더들과 다른 방식으로 상황을 평가하기 때문이다. 그 결과 자기 자신뿐만 아니라 회사 전체 입장에서 보더라도 변화로 인한 이익보다는 비용이 더 클 것이라고 생각하기 때문이다.

예를 들어, 한 기업의 사장은 자사의 부동산 투자신탁 대출에 관한 분석결과를 보고 깜짝 놀랐다. 분석보고서는 은행이 막대한 금액의 손실을 볼 수 있으며 잠재손실 또한 매달 20%씩 증가한다고 밝혔다.

이에 사장은 부동산 투자신탁 관리 부서를 개편하기로 하고, 외부에는 주가하락을 이유로 보고서를 공개하지 않았다. 조직개편의 소식이 알려지면서, 관련자들이 모두 거세게 저항하였으며, 그 과정에서 직원 3명이 회사를 그만두었다.

이처럼, 변화를 시도하는 리더들은 흔히 다음의 2가지 가정을 기정사실화해버리는 경향이 있다. 그들은 조직을 분석하는 데 필요한 모든 정보를 갖고 있다는 것과 변화의 영향을 받는 사람들도 그 정보를 갖고 있다는 것이다.

하지만, 이들 가정은 모두 옳지 않다. 어떠한 경우이든 자신의 정보가 무엇인가에 따라 분석의 결과는 달라지며 이로 인해 저항이 발생하기도 한다. 게다가 변화를 이끄는 리더가 아닌 다른 사람의 분석이 더 정확할 때 저항은 더욱 강력해진다.

체면 세우기: 체면을 세우고 싶어서 조직변화에 저항하는 사람들도 있다. 이런 부류의 사람들은 변화를 따르는 것이 곧 과거의 일부 결정이나 믿음이 잘못됐다고 인정하는 것이라고 생각한다. 주변 사람의 압력이나 상사의 태도 때문에 저항을 할 수도 있다.

저항을 해결하는 방법

구성원들이 조직변화에 저항하는 이유는 수없이 많다. 변화의 영향을 받는 구성원들이 수많은 가능성 가운데 어떤 것의 영향을 받고 있는지 평가하는 것은 매우 중요하다. 변화에 저항하는 이유를 알아야 저항을 극복하기 위한 방법도 찾을 수 있다.

그러나 변화를 이끄는 리더들은 구성원들이 조직변화에 다양하게 반응한다는 사실과 변화가 진행되는 과정에서 특정 개인과 집단에 긍정적인 영향을 미칠 수 있는 방법이 있다는 점을 잘 알지 못한다.

게다가 과거 경험 때문에 자신이 익숙하게 생각하는 방법과 관련해 어떤 장단점이 있는지도 정확하게 이해하지 못하는 경우도 있다.

조직변화에 대한 구성원들의 저항을 해결하는 방법은 다양하다. 교육과 의사소통, 참여와 개입, 격려와 지지, 협상과 합의, 속임수와 설득, 노골적·암묵적 강압 등의 다양한 방법이 있다.

성공적인 조직변화를 원한다면 아래에서 언급한 접근방법 가운데 일부를 요령 있게 활용해야 한다. 물론 설명과는 다른 조합을 만들어내야 하는 경우도 있다.

하지만, 성공적으로 조직변화를 이루어내는 2가지 공통점이 있다. 하나는 리더들이 변화의 강점과 한계를 고려하여 접근방법을 택한다는 것이고, 둘째는 조직의 상황을 현실적으로 평가한다는 점이다.

교육과 의사소통: 변화에 대한 저항을 극복하기 위해 가장 자주 사용되는 방법은 변화에 대한 사전 교육을 하는 것이다. 변화

접근방법 조직의 상황	장점	단점
교육과 의사소통 정보가 부족하거나 정보나 분석이 정확하지 않을 때	일단 설득을 당하고 나면 구성원들이 변화의 실행에 도움을 많이 준다.	구성원이 많다면 시간이 오래 걸릴 수 있다.
참여와 개입 변화를 이끄는 리더가 변화설계를 위해 필요한 정보를 모두 갖고 있지 않을 때 또는 다른 구성원이 저항할 수 있는 힘을 갖고 있을 때	변화과정에 참여한 구성원들이 변화에 적극 기여하고, 이들이 가진 정보를 변화계획에 활용할 수 있다.	변화에 참여하는 구성원들이 적절하지 않은 변화를 설계할 경우 시간의 소비가 크다.
격려와 지지 변화에 대한 적응 문제로 구성원들이 저항을 할 때	적응 문제가 발생했을 때 가장 효과적인 방법이다.	시간의 소비가 많고 비용이 많이 투입되지만 수포로 돌아갈 수 있다.
협상과 합의 특정 개인이나 집단이 변화로 손해 볼 것이 분명할 때 또는 그 집단들이 저항할 수 있는 힘을 갖고 있을 때	상대적으로 거대한 저항을 피하는 쉬운 방법이다.	특정 개인이나 대상과 협상한 관계로 다른 직원들까지 협상을 요구하고 나서면 비용이 늘어날 수 있다.
속임수와 설득 다른 방법이 먹히지 않거나 비용이 지나치게 많이 소요될 때	상대적으로 저항문제를 해결하기 위한 신속하고 저렴한 해결책이 될 수 있다.	상대가 속았다는 느낌을 받을 경우, 차후에 문제가 발생할 수 있다.
노골적·암묵적 강압 변화의 속도가 중요할 때, 변화를 주도하는 이가 상당한 권력을 갖고 있을 때	진행속도가 빠르고 모든 종류의 저항을 극복할 수 있다.	변화의 영향을 받는 구성원들이 변화를 이끄는 리더에게 분노할 경우 위험에 처할 수 있다.

에 대하여 서로 의견을 나누면 구성원들이 변화가 필요한 이유와 논리를 이해하는 데 도움이 된다. 일대일 토론, 프레젠테이션, 메모, 보고서 등 다양한 방식을 교육에 활용할 수 있다.

특히, 변화에 정보가 부족하거나 정확하지 않아서 저항이 발생할 때는 교육 및 의사소통을 위한 프로그램을 활용하는 것이 가장 이상적이다.

특히, 변화를 이끄는 리더가 저항세력의 도움이 필요하다면 교육 프로그램을 적극적으로 활용할 필요가 있다. 이 방법은 시간과 비용이 많이 든다. 저항이 클수록 시간과 비용은 늘어난다.

참여와 개입: 변화에 저항할 것으로 예상되는 구성원들을 변화계획의 설계 및 진행 과정에 참여시키면 저항을 막을 수 있다. 변화에 저항할 가능성이 큰 직원을 변화를 위한 노력에 참여시키면, 변화의 영향을 받는 다른 사람들의 의견에 귀를 기울이게 되고 조언도 얻을 수 있다.

변화를 이끄는 집단이 변화의 설계 및 실행에 필요한 모든 정보를 갖고 있지 못하다고 판단하거나 다른 직원의 노력이 더해지기를 바란다면, 직원을 변화과정에 참여시키는 것이 좋다.

연구에 의하면, 변화의 과정에 저항 직원의 참여를 유도하면 단순히 변화에 순응하는 것보다 구성원들이 변화를 위해 적극적으로 노력한다고 한다.

하지만 변화에 저항하는 직원을 변화과정에 참여시키는 방법에는 몇 가지 문제가 있다. 변화과정을 세심하게 관리하지 못하면 좋지 않은 해결책이 발생할 수 있으며, 참여를 유도하는 과정에서 시간이 많이 소모될 수도 있다는 것이다.

격려와 지지: 변화에 대한 저항 가능성을 해결하기 위한 또 다른 방법은 격려와 지지를 보내는 것이다. 새로운 기술을 익힐 수

있는 교육 프로그램을 제공하거나 어려운 시기가 지난 후에 휴가를 주는 경우이다. 단순히 직원들의 이야기에 귀를 기울이거나 감정적인 지지를 보내는 방법도 있다.

두려움과 걱정이 저항의 근본 원인이라면 격려와 지지가 가장 도움이 된다. 경험이 많은 리더들도 이러한 사실을 간과하기 쉽다.

이 접근법의 단점은 시간과 비용이 많이 소요되며, 그럼에도 여전히 실패할 가능성이 있다는 것이다. 시간, 돈, 인내심이 없다면 이 방법은 그리 실용적인 대안이 될 수 없다.

협상과 합의: 저항을 해결하는 또 다른 방법은 현재 저항하는 직원(세력)이나 앞으로 저항을 할 것으로 예상되는 그들에게 인센티브를 제공하는 것이다. 업무 수칙을 바꾸는 대신 그들에게 임금을 더 많이 지급할 수 있고, 조기 퇴직에 대한 대가로 개인에게 더 많은 연금을 지급할 수도 있다.

변화의 결과로 인하여 누군가가 손해를 볼 것이 분명하더라도, 그들의 저항력이 아주 크다면 협상이 특히 좋다. 다른 방법들처럼 비용이 많이 들기는 하지만, 협상을 통해 합의를 도출하면 큰 저항에 부딪히는 일은 피할 수 있다. 하지만, 거대한 저항을 피하기 위해 협상을 할 뜻이 있음을 분명히 밝히면 협박을 받을 수도 있다.

속임수와 설득: 어떤 상황에서는 관리자들이 다른 사람들에게 영향력을 행사하기 위해 은밀한 방법을 시도할 때도 있다. 속임수는 일반적으로 매우 선별적으로 정보를 활용하고 일부러 상황을 교묘하게 조작하는 것을 뜻한다. 다시 말하면, 일반적인 형태

의 속임수는 반대하는 이를 끌어들이는 설득이다.

한 개인을 끌어들일 때는 대체로 변화의 설계 및 실행 과정에서 그들이 원하는 자리를 내준다. 한 집단을 끌어들일 때는 그 집단의 리더 가운데 한 명이나 그들이 존경하는 누군가에게 변화의 설계 및 실행 과정과 관련된 핵심적인 자리를 내주면 효과적이다.

하지만 이는 설득의 대상이 되는 인물에게서 조언을 구하는 것이 아니라 그저 저항하지 않고 변화를 승인해줄 것을 요구하는 것이기 때문에 참여의 한 형태로 보기는 어렵다.

특정한 상황에서는 설득이 개인이나 집단의 지지를 얻기 위한 저렴하고 손쉬운 방법이다. 그럼에도 불구하고 이 방법에는 문제가 있다. 저항을 피하기 위해 상대가 속임수를 썼다거나 동등한 대우를 받지 못한다거나 상대가 거짓말을 했다고 느낄 때, 상당히 부정적인 결과를 초래한다.

다른 형태의 속임수도 문제가 된다. 대부분의 사람들은 감춰진 속셈이 있거나 상대가 거짓말을 한다고 생각하면 부정적인 반응을 보인다.

게다가 속임수를 자주 쓰는 것으로 악명이 높아지면 교육과 의사소통, 참여와 개입과 같이 필요한 접근방식을 활용하는 관리자의 능력도 훼손시킬 수 있다. 극단적으로 경력 자체가 위협받을 수도 있다.

노골적·암묵적인 강압: 마지막으로 리더들은 강압적인 방법으로 저항을 해결하기도 한다. 노골적이거나 암묵적으로 해고하거나 승진의 기회를 박탈하겠다고 협박하거나, 실제로 해고하거나 다른 부서로 발령을 내는 등의 강압적인 방식으로 변화를 수용하도록 요구하는 것이다.

속임수와 마찬가지로 강압의 방법을 사용하면, 강제적인 변화에 대한 조직원들의 불만이 커져 위험한 상황을 초래할 수 있다. 하지만 무엇보다도 신속하게 일을 처리하는 것이 중요하고, 어떤 방식으로 변화가 진행되든 많은 사람의 지지를 받을 수 없는 상황이라면 강압적인 방법이 유일한 해결책일 수도 있다.

8.
변화를 진행한다

조직변화에 대한 구성원의 분위기가 긍정적으로 전환되면, 조
직변화를 진행하는 단계에 돌입하여야 한다. 조직변화의 반대자
들은 기회가 생기면 새로운 문제를 만들어내는데, 이것이 조직변
화를 지치게 만든다.

일반적으로, 직원들이 변화를 꺼리는 이유는 새로운 기술과 지
식의 습득, 힘의 이동, 새로운 팀의 소속에 따른 스트레스 등이다.

하지만, 변화에 대한 저항이 이보다 훨씬 심한 경우도 있다. 직
원이 새로운 지식과 기술을 가지고 있고, 조직에 대해서도 깊은
헌신을 보이고 변화를 지지하면서도 변화의 행동을 보이지 않는
직원이 있다.

조직심리학자는 이러한 행동을 숨겨진 대항동기(hidden competing
commitment)라고 부른다. 변화에 대한 반대의사도 아니면서, 다
수의 사람들이 변화에 지지를 보일 때 무심결에 생산적인 에너

지를 숨겨진 대항동기에 쏟는다는 것이다.

그 결과, 조직변화의 노력이 무기력하게 된다. 이는 변화에 대한 저항처럼 보이지만, 실제로는 변화에 대한 개인적 면역성의 일종이라고 한다.

그러나 조직변화는 계획대로 진행되지 않는다. 일직선을 따라 진행되다가도 갑자기 방향을 틀거나 한쪽으로 기울어 진행하기도 한다. 당신이 원하는 대로 따라줄 것이라고 생각하면 잘못된 사고방식이다.

변화는 원과 곡선을 그리며 움직인다는 다음과 같은 사고방식을 가진다면, 조직변화는 성공으로 들어설 것이다.

- 조직화되고 통제되지 않은 상태에서 변화의 발생을 극복한다.
- 변화의 진척이 느리고 후퇴하는 느낌이 들어도 그 목표는 항상 염두에 둔다.
- 문제가 발생하거나 뭔가 다른 것이 필요하다는 생각이 들어도 계획을 끝까지 추진한다.
- 강력한 저항들이 큰 변화의 임박을 말하는지 아니면 전략의 수정이 필요한지 밝힌다.

조직의 변화가 진행되면, 먼저 전략과 비전을 수립해야 한다. 조직변화에 대한 구성원의 신념은 전략과 비전 속에 함축된다. 구성원의 신념은 조직변화가 목표를 향하도록 해준다. 구성원의 신념이 전략(비전) 속에 함축될수록, 조직변화는 목표를 성취하는 방향으로 행동하도록 한다.

비전

변화를 이끌어가는 첫 단계는 미래의 변화에 대한 강력한 비전을 제시하는 것이다. 비전은 조직변화가 나아갈 방향을 제시한다. 비전은 조직의 나침반인 것이다.

그리고 비전에는 구성원의 희망(신념)이 담겨야 한다. 조직의 위기를 극복하고 반드시 살아남겠다는 희망이 담겨야 한다. 한편 전략에는 비전의 달성방안이 담겨야 한다. 비전은 특히 경영자가 조직의 방향에 대한 실질적인 변화가 필요하다고 느낄 때 중요하다.

사명

조직의 목표로서 사명이 있다. 사명문에는 조직의 존재 이유와 목적을 밝힌다. 우리의 과업은 표적고객으로서 누구이며, 그들에게 무슨 서비스를 행할 것이며, 미래의 사업이 어느 방향으로 나아가야 할 것인가의 내용이 사명문에서 밝혀진다.

사명문은 간단하고 명료하여야 하며, 실행이 가능한 것이어야 한다. 중요한 것은 사명문은 실행 가능한 것이어야 한다는 것이다. 만일 사명문이 실행 가능하지 못하다면, 그러한 사명은 선의의 의도로 끝나버리고 만다.

조직의 사명을 기술할 때는 임직원과 고객을 포함한 모든 사람이 쉽게 이해할 수 있는 용어를 사용하여야 한다. 뿐만 아니라 조직의 가치나 원칙을 간단·명료하게 표현하여 직원들이 조직의 목표를 쉽게 인식하도록 하는 것이 중요하다. 그렇게 하여야 그것이 직원들에게 그들의 역할이 조직의 목표와 어떻게 부합될 수 있는지 알려줄 수 있기 때문이다.

가치

가치는 조직과 직원들에게 가장 중요한 기본적인 믿음을 말한다. 직원들이 가치를 인식하고 그들로 하여금 소속감을 갖게 하는 한 가지 방법은 직원들과 관리자로 구성된 초점집단(focus group)을 구성하여, 조직의 가치와 임무에 대하여 토론하는 것이다.

조직의 가치는 직원의 가치와 일치시킬 수 있도록 하여야 하며, 마음속으로부터 참여를 불러일으킬 수 있어야 한다. 미국의 한 병원은 다음의 3가지를 조직의 가치로 하고 있다.

- 모든 개인에 대한 존경
- 양질의 의료서비스 제공
- 우위성의 지속적 추구

전략

　전략에는 앞에서 언급한 사명, 비전, 가치 등의 실행방안이 담기게 된다. 변화를 위한 실행계획을 수립한다. 변화를 위한 실행계획의 수립 시 고려할 사항은 다음과 같다.
　－예상되는 저항의 종류와 정도
　－변화를 주도하고 저항하는 세력의 지위
　－변화의 설계에 필요한 정보와 역량을 보유한 사람
　－변화와 관련된 이해관계

　한편 변화의 실행계획에는 전략목표와 중간목표 등에 대한 상세한 일정, 목표달성의 방법, 실제로 담당할 부서와 사람 그리고 각 활동별 일정목표가 담겨 있어야 한다. 또한 각 부서나 활동에 대한 지원내용, 전략실행의 결과에 대한 평가방법 등도 사전에 제시되어야 한다.

혁신팀 구성

　그렇다면 빙산이 녹아내리는 위기에 처한 펭귄의 해결책은 무엇인가? 이상적인 대안은 갈매기처럼 한곳에 머물지 않고 자리를 옮기며 생활하는 것이다. 그리고 그곳까지 장거리 이동을 위해 식량이 필요하다는 것이다.

지금과 전혀 다른 생활방식인 유목생활을 이상적인 대안으로 찾고, 이 과정에서 혁신팀이 조직의 위기를 극복하는 다양한 방법을 찾게 된다.

그렇다면 조직에는 어떤 위기가 다가오고 있으며, 그 위기를 극복하는 여러 문제점과 가장 이상적인 대안은 무엇인가?

전략(비전)이 수립된 후에는 혁신팀을 구성해야 한다. 혁신팀은 조직의 위기를 극복하도록 인도해주는 역할을 한다. 이를 위해 조직의 각 부서에서 혁신을 담당하고 실행할 팀(그룹)을 조직하여야 한다.

혁신팀은 의지가 강하고 총명하며, 열정이 강한 다양성이 있는 사람들로 구성하여야 한다. 혁신팀의 다양성은 팀워크를 통한 시너지 효과를 창출하는 원동력이 된다. 구성원 각자의 강점, 역할과 개인적 특성이 이상적인 팀워크를 발휘할 수 있어야 한다.

9.
지속적으로 커뮤니케이션 한다

경영자의 말은 직원과의 커뮤니케이션에서 중요하다. 커뮤니케이션은 구성원들을 변화로 이끄는 절대적인 요소이다. 구성원들이 경영자를 신뢰할 수 있을 때 그를 따른다. 신뢰는 경영자가 구성원들에게 변화의 신념을 명확하게 커뮤니케이션하는 과정에서 형성된다.

구성원들이 경영자를 믿고 따를 때, 그들은 조직변화에 적극적으로 참여하고 조직목표도 달성한다. 경영자에게 중요한 것은 변화의 진정성을 행동으로 보여주는 것이다. 진정성은 경영자의 정신이자 구성원들이 평가하는 중요한 기준이 된다.

경영자가 구성원들에게 진정성을 보여주기 위해서는, 변화에 대한 분명한 메시지를 전달하고 그들과의 대화에서 학습하는 것을 보여주어야 한다.

경영자는 커뮤니케이션을 통해 구성원들의 의견을 경청하고 있음을 행동으로 보여주어야 한다. 그렇게 할 때, 그들은 경영자를 믿고 따른다.

변화하는 조직에는 강력하고 결단력 있는 리더십이 필요하다. 그런데 회의석상에서 경영진조차 침묵하고 제대로 마무리를 못하는 조직이 많이 있다. 그렇게 되면, 변화의 활동이 뒤따르지 않아 아무것도 실행이 되지 못한다.

리더들이 자유자재로 사용할 수 있는 도구가 대화이다. 대화는 조직에서 이루어지는 업무와 관련된 기본적인 부분이다. 대화의 말투와 내용은 사람들의 행동과 신념, 즉 기업문화를 형성한다. 우유부단한 문화에서 결단력 있는 실행중심의 문화로 바뀌어야 한다.

결단력 있는 대화는 예리함과 창의성을 장려하고, 겉으로는 불완전하고 관계가 없어 보이는 아이디어를 자유롭게 결합해준다. 그리고 결단력 있는 대화는 긴장을 표출시킨 후에 모든 관점을 온전히 표현하여 긴장을 해소시키기도 한다.

결단력 있는 기업문화의 운영 메커니즘은 다음의 4가지 - 개방성, 솔직함, 비공식성, 종결성 - 를 특성으로 한다. 이것을 잘 활용하면 대화를 행동으로 바꿀 수 있다.

개방성: 개방성은 결과가 사전에 결정되어 있지 않은 상태로 대안과 새로운 발견을 찾는 것이다. "우리가 당면한 문제는 무엇일까?"와 같은 질문은 사람들을 대화로 끌어들이고, 여러 사람의 의견을 듣고 싶어 하는 리더의 의도를 나타낸다.

솔직함: 솔직함은 말하기 싫어하는 것을 자발적으로 말하는

태도이다. 솔직함은 참석자들이 말하리라 생각하는 것이 아니라, 자신의 진짜 속내(의견)를 표현하는 것이다. 이런 솔직함은 사람들이 행동할 의도가 없으면서도, 동의하는 경우에 발생할 무언의 거짓말을 제거하는 데 유익하다.

비공식성: 비공식성은 격식을 차리지 않는 행동이다. 이는 솔직함을 북돋운다. 격식을 차리지 않은 행동은 참석자들의 방어적 태도를 감소시켜서, 그들이 보다 편안하게 질문하고 솔직하게 반응하면서 자발적 행위가 활발하게 일어나도록 한다.

종결성: 종결성은 참석자들이 회의의 마지막에 자신을 향한 조직의 기대치가 무엇인지 정확하게 인식한다는 의미이다. 종결성은 개방적인 공개토론의 장에서 직원들에게 책임과 최종기한을 부과함으로써 결단력을 생산해낸다.

종결성은 리더가 소유한 내면의 강점과 지적인 자원을 시험하는 것이다. 격식을 차리지 않는 비공식적 행동이 분위기를 느슨하게 할 때는 종결성 훈련이 필요하다.

10

실행권한을 부여한다

조직변화를 추진하기 위해서는 혁신팀이 각자의 부서로 돌아가서 변화를 추진하는 과정에서 필요한 실질적인 권한이 부여되어야 한다. 만일 이들에게 실질적인 권한이 주어지지 않으면, 조직변화와 관련된 어떤 의사결정이나 조치도 취할 수 없다.

권한이양이란 고객에게 직접적 영향을 미치는 의사결정과 조치를 취할 수 있는 수단과 기회를 직원들에게 제공하는 것이다. 의사결정과 조치를 취할 수 있어야 한다는 것은 최선의 행동을 선택하는 데 필요한 권한을 갖는 것을 의미한다.

권한이양은 직원들이 스스로 자신의 일을 수행하면서 즐거움이나 성취감을 느낄 때, 위력을 발휘한다. 직원에게 스스로 자신의 일을 결정할 수 있는 권한이 주어질 때, 직원은 자신의 일에서 의미를 찾게 되고, 생각지도 못한 힘을 발휘하게 된다. 이것은 내재적 동기로서, 권한이양의 핵심이다.

권한이양의 사례

기업들은 권한이양을 어떻게 하고 있을까? 그리고 그것을 어떻게 하면 성공할까? 기업들의 권한이양 성공사례를 들면 아래와 같다. 이러한 권한이양을 하기 위해서는 계획을 수립할 수 있어야 하며, 중요한 내용은 다음과 같다.

- 권한이양의 목표는 무엇인가?
- 그 목표는 기업의 사명을 지원하고 있는가?
- 권한이양이 조직에 어떤 기여를 할 것인가?
- 누구에게 어느 정도의 권한을 이양할 것인가?
- 주어진 목표의 달성은 누가 책임을 질 것인가?

자포스: 미국의 온라인 쇼핑몰 자포스(Zappos.com)는 고객 만족을 위한 직원의 재량권을 최대한 부여하고 있다. 이 회사는 신발 판매 사이트로서, 한 여성고객이 남편에게 선물할 부츠를 주문하였는데 그것이 도착하기도 전에 남편이 교통사고로 세상을 떠나고 말았다. 그 소식을 들은 직원은 무료 반품은 물론 부인을 위해 조화(弔花)를 선사했다. 만일 당신의 기업은 이러한 행동을 할 수 있도록 하기 위해서는 무엇이 필요할까?

자포스는 단순히 "신발을 판매하는 회사가 아닌 고객체험 서비스를 판매하는 회사"라는 가치 아래 직원을 자포니언(Zapponian)이라고 부르고 있다. 이 회사의 CEO는 나의 경영지침의 1번은 권한이양이라고 말하며, 이것이 조직 성장의 기틀이자 혁신의 바탕이 되었다고 케이블 TV 프로그램에서 말하였다.

노드스트롬 백화점: 미국의 노드스트롬 백화점은 직원들 스스로의 판단으로 무엇이든 교환환불을 해줄 수 있게 한다. 월 200달러의 한도 내에서 고객에게 친절을 베풀기 위한 것이라면 무엇이든지 할 수 있는 권한도 부여하고 있다.

팀슨사: 팀슨사는 구두수선, 시계수리, 열쇠제작 등의 서비스를 제공하는 영국의 기업으로 매장 800여 곳을 운영하며 140년의 역사를 가지고 있다. 이 기업은 노드스트롬 백화점의 사례를 보고 직원들에게 자율권을 주기로 하였다. 끊임없이 변하는 고객을 잘 아는 것은 현장직원이라는 생각에, 손님의 형편에 따라 수리비를 낮춰 받을 수 있도록 하고 있으며, 손님의 불만을 없애기 위해서라면 500파운드까지 자유롭게 사용할 수 있도록 하고 있다.

팀슨사는 직원들에게 어떻게 물건을 팔아야 할지 등에 대해 자율권을 주었으며, 이에 대해 직원들은 처음에는 당황하여 어찌할 바를 몰랐다고 한다. 이에 사장은 "당신들이 놀라운 서비스를 제공할 수 있도록 내 모든 권한을 당신들에게 드립니다"라는 친필편지를 모든 매장에 발송하였다. 이 기업은 지금 본사도 없고 명령도 내리지 않는 기업경영으로 유명하다.

에르메스: 프랑스의 명품 가방 기업인 에르메스는 버킨 캘리 가방을 제조하면서, 장인들에게 가방 안에 자신만의 서명과 일련번호를 기재하도록 하고 있다. 이는 "내가 만든 작품이라는 의식

의 고쳐는 물론, 문제가 있을 경우 그에게 수선을 맡기도록 하는 것"이다. 권한을 부여하는 만큼 무한 책임을 지도록 하는 것이다. 이는 곧 바느질 장이와 장인의 차이를 보여주는 것이 아닐까? 기업이 가치를 어디에 부여하고 있는가를 보여준다.

폴로코리아: 캐주얼 브랜드 "폴로"로 유명한 랄프 로렌은 제품의 차별화를 위해 장인들을 내세운 "블랙라벨"을 도입하였다. 그는 원단의 구매에서부터 바느질, 재봉, 마케팅까지 직원들에게 최대한의 자유를 보장하고 있다. 이러한 권한이양이 결국 최고의 제품과 서비스로 고객의 만족도를 높이고 있다.

사우스웨스트 항공: 사우스웨스트의 권한이양은 "일은 놀이처럼 즐거움의 대상이어야 한다"는 기업철학에서 매우 효과적으로 작동하고 있다. 사우스웨스트 항공사의 발권창구에서는 직원들이 재미있는 분장을 한 채 승객들을 대하고 있다. 권한이양과 관련된 직원의 다음 행동은 시장에서 회자된다.

- 조종사나 승무원들이 기내 청소를 직접 돕고, 게이트에서 탑승 절차를 담당하고 승객의 짐을 들어준다.
- 승객이 휴가차 개를 데리고 공항에 왔으면, 담당직원은 승객이 휴가를 즐기는 2주 동안 개를 돌보아준다.
- 노년 승객의 비행기 환승을 위해 직원이 자발적으로 다음 기착지까지 동행해준다.

권한이양의 스킬 개발

기업에서 변화와 개선을 이루어내기 위해서는 업무지식을 비롯한 다양한 스킬과 능력이 요구된다. 복잡한 기업환경에서 개인 및 조직의 목표를 달성하려면 기술적 지식, 프로세스 스킬, 대인관계 스킬, 질 개선 스킬, 조직문화와 업무추진 스킬 등도 함께 요구된다.

기업들에 이러한 권한이양의 스킬을 개발하고 습득하도록 하는 것은 조직변화의 기초가 된다. 구성원들에게 권한이양의 스킬을 개발하고, 환경을 변화시키도록 동기부여를 할 때, 조직변화가 가능하다.

기술적 지식: 팀이나 개인이 과제를 수행하는 데 필요한 스킬이 기술적 지식이다. 기업에서는 과제별로 필요한 스킬 목록을 만들 필요가 있다.

이 목록은 구성원들이 과제를 수행한 데 필요한 교육을 받았는지 또는 필요한 스킬을 가지고 있는지를 평가할 수 있는 자료가 된다. 과제별 스킬 교육을 이수함으로써 구성원들은 업무수행을 신속하게 처리할 수 있다.

팀 프로세스 스킬: 구성원들이 팀을 이루어 효과적으로 기능을 발휘할 수 있는 스킬-의사소통 능력, 기획 능력, 팀회의 운영방법 등-이 필요하다. 이러한 스킬은 비교적 쉽게 습득할 수 있다.

중요한 점은 요구분석에서 시작하여야 한다는 것이다. 팀 프로세스 스킬의 교육은 구성원들이 그것을 업무에 적용한다면 어떤 변화가 올 것인지를 토론할 수 있는 워크숍 형태가 바람직하다.

대인관계 스킬: 권한을 이양받는 직원들은 개인 또는 팀의 형태로 동료, 공급자, 고객 등과 잦은 교류를 하게 되는데, 이 과정에서 발생하는 문제점을 확인하고 적절한 조치를 취할 수 있어야 한다.

또한 이들은 다른 동료들을 잘 이끌어주어야 할 뿐 아니라, 상급자에게 호소하지 않고도 자신의 갈등을 스스로 해결할 수 있어야 한다. 이러한 스킬은 직원들과 팀의 책임이 커질수록 더욱 필요하다.

업무지식: 기업에서 직원들은 자신의 업무 이외에 다른 업무를 처리하거나 교대근무를 하게 되는데, 이때 구성원들은 자신의 업무는 물론 다른 모든 업무로 이해하고 있어야 한다.

한편 경영진은 구성원들에게 업무환경의 경제적 현실-당해 연도의 예산구조, 업무팀의 예산, 경쟁기업 등-을 이해시킬 필요가 있다. 이들 재무 관련 정보를 구성원들과 서로 공유함으로써 비용절감, 생산성 향상, 경쟁력 제고 등에 도움을 줄 수 있다.

질 개선 스킬: 품질에 대한 정의는 다양하므로, 기업이 질에 대한 정의를 내리기 전에는 의견의 일치를 보기 어렵다. 중요한 점은 소비자의 입장에서 질의 정의를 내리는 것이 필요하다는 것이다.

소비자가 인식하는 질은 주관적이며 인간적인 질을 중시한다.

다시 말하면, 소비자가 실제로 제공받는 질(기술적 질)보다는 서
비스가 전달되는 과정의 질(기능적 질)에 더 많은 영향을 받는다
는 사실이다.

이러한 질 개선 스킬을 이해하기 위해서는 작업프로세스, 인관관
계도표, 파레토도표 등의 문제 해결 기법을 이용할 수 있어야 한다.

조직문화와 업무추진 스킬: 모든 조직은 나름대로의 문화가
있어, 그 체제 안에서 업무를 효과적으로 기획하고 추진할 수 있
는 방법의 습득이 필요하다. 이때 조직 내의 역학관계(장의 이론)
를 이해하면, 전략적으로 기획하고 추진하는 데 유용하게 활용할
수 있다.

권한의 한계 규정

권한이양이란 구성원이 직무와 관련된 어떤 조치를 취할 수
있는 힘을 다른 사람에게 주는 것으로, 이는 책임을 회피하는 것
과 무정부상태를 의미하는 것이 아니다. 만일 업무의 한계를 짓지
않고 권한을 이양한다면, 그것은 무정부상태로 두는 것이 된다.

권한을 이양받는 사람은 개인이든 팀이든 그렇지 않은 사람들
보다 자신의 일에 대한 책임의식이 강하며, 일에 대한 만족도도
높아, 결과적으로 작업능률의 향상을 가져온다.

권한이양의 형태는 기본적으로 개인, 팀, 자율경영팀 등에 따

라 달라진다. 먼저, 개인에 대한 권한이양은 구성원 개개인에게 책임과 권한을 이양하는 것을 말하며, 팀에 대한 권한이양은 문제를 해결하고 절차를 개선하기 위해 조직된 특수 목적팀에 대한 권한이양이다.

그리고 자율경영팀에 대한 권한이양은 구성원들을 팀별로 재구성하고 감독자나 상사 대신에 촉진자 내지 코치를 두는 것을 말한다.

권한이양에서 업무의 한계 내지 권한의 한계를 설정하는 것은 매우 중요하다. 만일 직원이 권한이 없는 업무환경에서 일하게 되면, 그들의 업무범위와 의사결정에서 많은 제약을 받게 된다. 직원들이 직면한 그러한 제약들을 리더들이 간과하게 될 때, 흔히 문제가 발생한다.

따라서 구성원들이 권한의 한계 내에서 성과를 낼 수 있도록, 권한이양의 범위에 대하여 상호 간의 기대치를 명확히 설정하여야 한다. 이것이 권한이양의 한계 또는 범위이다.

권한의 한계를 규정하는 리더의 행동범주로서 통제의 범위, 자원관리, 의사결정권한, 상호신뢰 등의 4가지가 있다. 이들에 대한 제반 조건을 명확히 함과 동시에 구성원의 책임을 분명하게 하면서 업무를 수행하도록 하여야 할 것이다.

통제의 범위: 이는 업무의 시작과 종결 사이에는 어떤 프로세스가 요구되며, 바람직한 관계는 무엇이고, 그것의 개선을 위한 계획을 세우고 우선순위를 정하는 것 등을 말한다.

자원관리: 이는 구성원들이 일정한 범위 내에서 필요한 자원(인력, 시간, 운영예산 등)을 자유롭게 사용하도록 하면서, 그들의 계획에 책임을 지도록 하는 것이다.

의사결정 권한: 이는 경영진의 승인이 없이도 어떤 결정을 내리고 조치를 취할 수 있는 구성원의 능력을 말하는 것으로, 권한이양을 평가하는 수단이 된다. 의사결정의 핵심사항은 다음과 같다.

- 결정에 대한 책임은 누구에게 있는가?
- 필요한 권한의 수준은 어느 정도인가?
- 결정의 영향을 받는 사람은 누구인가?
- 결정을 함에 있어 다른 사람이 필요한가?
- 결정하는 데 걸리는 시간은 어느 정도인가?
- 주어진 시간 내에 의사결정이 어렵다면, 그 결정을 누구에게 이양할 것인가?

상호신뢰: 이는 권한이양의 프로세스를 통해 점진적으로 형성되며, 다른 3개의 행동범주들을 서로 연결시키는 작용을 한다. 권한이양을 약속하는 것보다 그것을 서로가 준수함으로써 상호신뢰를 얻을 수 있다.

권한이양의 조건

이상에서 살펴본 바와 같이, 권한이양은 고객과 기업 모두에게 중요하다. 권한을 이양받을 사람의 자유의사에 맡겨야 하며, 권한이양의 한계와 범위를 이해할 수 있는 교육이 주어져야 하며, 결과적으로 권한은 경영자가 직원에게 선물하는 것이 되어야 한다. 이것이 실질적인 권한의 부여이다.

권한이양의 핵심은 의사결정이다. 권한이양을 한다는 것은 책임과 권한을 함께 이양하는 것으로, 이는 그만큼 직원을 신뢰한다는 의미가 된다. 권한이양은 직원들에게 자신의 가치를 확인시켜 주는 중요한 도구가 된다.

권한이양이 조직변화를 가져오게 하려면, 단순히 직원들에게 책임을 떠넘기는 것이 아닌 그들을 철저히 준비시켜야 한다. 권한이양은 반드시 철저한 직무분석과 역량분석에서 출발해야 한다.

이양이 바로 가능한 직무와 교육과 업무경험을 한 이후에 이양이 가능한 직무를 구분하고, 직원들이 업무에 대한 충분한 지식을 갖고 능력개발에 적극 참여하고, 실질적인 기여에 대한 보상을 받을 수 있는 환경조성이 이루어져야 한다.

참고적으로, 미국 아이오와 대학의 스킷 시버트 교수팀의 연구팀은 효과적인 권한부여가 이루어지기 위한 조건으로 다음의 5가지를 들고 있다.

－도전적인 과제를 부여한다.

- 만족할 만한 월급을 제시한다.
- 경영자가 직원들에게 영감을 준다.
- 권한을 분권화한다.
- 직원의 기여도에 따른 보상을 한다.

11.
열정과 에너지를 쏟는다

조직변화는 한 단계에서 다음 단계로 넘어갈 때마다, 두 단계가 겹치면서 진행된다. 한 단계가 완전히 수행되어 다음 단계로 이행하는 것이 아니라, 한 단계가 어느 정도 수행되면 다음 단계와 맞물려서 다음 단계로 이행한다.

이에 따라 두 단계가 겹쳐서 진행되는 단계에서는 리더의 역할이 불투명해지면서 조직은 저항에 부딪히게 되고, 구성원들은 지치게 된다. 이 과정에서 구성원의 에너지를 충전하지 않으면, 변화 내지 개선을 계속하여 진행하기 어렵게 된다.

조직변화의 단계가 이행될 때마다 비전이 약해지고 리더의 의사전달도 약해진다. 이때에는 변화 또는 혁신에 대한 구성원의 열정이 식지 않도록 비전을 새롭게 인식하고 새로운 에너지를 충전시켜야 한다. 이를 위해 필요한 것이 구성원의 내부에서 나오는 자발적 에너지이다.

변화 또는 혁신을 추구하다 보면, 옛날 방식으로 돌아가려는 경향이 있다. 처음에는 새로움 자체가 변화를 주도하는 에너지가 되지만, 시간이 지나면서 새로움은 사라지고 새로운 에너지를 찾지 않으면 안 된다. 이처럼, 조직변화에서 에너지의 충전은 중요하다.

직원들이 일하는 결과는 조직의 성과로 나타나므로, 기업이 최고의 성과를 원한다면 직원들의 에너지를 창출하고 보충시켜 주어야 한다. 직원의 에너지가 고갈되지 않도록 그것을 잘 관리해 주어야 한다.

경영자가 그것을 한다. 경영자는 직원들의 에너지를 최고 수준으로 끌어낼 수 있도록 해주어야 한다. 직원들이 창출하는 에너지의 힘으로 조직이라는 버스가 움직인다. 경영자가 직원들의 에너지를 관리하는 중요한 사람이라는 의미로, 최고의 에너지관리자(Chief Energy Officer)라고도 불린다.

12

성과를 평가하고 변화를 지속한다

조직이 변화를 하면 성과가 있기 마련이다. 그 성과를 측정할 수 있을 때, 지속적인 변화가 이루어질 수 있다. 조직의 성과를 측정할 수 없으면, 지속적인 변화를 기대할 수 없다. 변화를 지속적으로 추진하기 위해서는 성과의 측정이 필수적이다.

성과의 평가

조직변화를 하면 성과가 있기 마련이다. 조직의 성과를 확인할 수 있는 방법은 광범위하지만, 다음의 4수준 – 조직 수준, 프로세스 수준, 업무 수준, 재무성과 수준 – 으로 나누어볼 수 있다.

먼저 조직 수준의 성과는 조직을 둘러싸고 있는 환경 속에서 조직변화가 거둔 성과로서, 이미지향상, 시장점유율, 고객 만족도, 경쟁력, 조직문화의 변화 등을 말한다.

프로세스 수준의 성과는 프로세스의 개선으로 이루어진 조직구조의 변화로서, 서비스 질, 유연성, 재작업방지, 낭비예방 등을 말한다.

업무수준의 성과는 프로세스를 실제로 실행하는 직원의 업무에 관한 성과로서, 창의성, 적극성, 신뢰성, 잠재력 향상 등을 말한다.

그리고 재무성과 수준의 성과는 조직의 재무 상태를 평가해주는 재무제표상의 양적 변화로서, 생산성·수익성·성장성 등을 말한다.

이러한 조직변화를 지속적으로 수행하기 위해서는, 조직의 변화에 대한 적절한 평가가 이루어져야 한다. 조직변화에 대한 적절한 평가는 성과측정을 위한 적절한 범위의 선정과 관련 있다.

그리고 조직변화의 성과를 측정하기 위해서는 무엇보다도 평가기준이 필요하다. 평가기준에는 조직이 구성원들에게 기대하는 사항들이 포함되어야 한다.

조직은 구성원들에게 무엇을 기대하고, 구성원은 조직에 무엇을 기대하는지를 서로가 분명하게 알고 있을 때, 분명한 평가기준이 확립될 수 있다.

조직변화의 성과를 측정하고 평가가 이루어질 때, 지속적인 변화(개선)가 이루어진다. 조직변화의 성과를 측정할 수 없다면, 지속적인 개선을 기대하기는 어렵다.

변화의 지속

지속적인 변화란 변화를 위한 변화가 아니라, 변화 그 자체가 목적이어야 한다. 그리고 변화는 구성원 모두가 수행하여야 하는 업무이며, 그것의 달성을 위해 행동으로 옮겨야 하는 것이다. 철저한 변화의 추진으로 성공을 거둔 사례를 살펴보자.

고객에게 최고의 서비스를 자랑하는 메리어트 호텔도 한때는 오랜 시간 일할수록 좋다는 "자리 지키기" 문화에 젖어 있었다. 대부분의 관리자는 주당 50시간 이상을 근무하였고, 이에는 그만한 대가가 따랐다.

2000년 호텔 3곳에서 "경영융통성"이라는 실험프로그램을 가동시켰다. 그 결과 그곳의 관리자들은 주당 근무시간을 5시간 이상을 줄일 수 있었다. 또한 스트레스와 피로도의 현저한 감소를 경험하였다.

이렇게 된 데에는 그 프로그램의 책임자가 규모가 큰 호텔의 직원을 면담하면서 깨달음을 얻었다. 20대의 직원에게 5년 후의 자신의 자리가 어디일 것인가 물었다. 그는 "일주일에 최소한 50시간을 일하고, 최고는 60시간까지도 일합니다. 출퇴근에 2시간이 걸리는데, 이를 고려하면 하루 12시간이 됩니다. 이렇게 일한다면 계속 남아 있을지 모르겠습니다. 직장 밖의 생활도 하고 싶습니다." 이 말을 듣는 순간 그는 당황하였고 변화가 필요함을 깨달았다.

그는 자신이 이끄는 리더팀을 중심으로 말단부터 고위직까지 165명의 포커스그룹을 구성하였다. 이들로부터 그간에 이루어진 비능률의 관행과 프로세스 등의 정보를 수집한 후에 혁신팀을 꾸려 조직 전체로 실행하는 전략을 수립하였다.

회사가 프로그램의 성공을 진정으로 원하고 있음을 직원들에게 인식시키는 한편, 2주일 안으로 가시적인 성과를 달성하여 더욱 강력하게 변화를 추진하기로 하였다.

기업문화의 성격상 금기시되었던 부서회의와 재정검토회의를 없애버렸다. 그리고 필요로 하는 관리자에게는 인터넷 서비스의 제공과 현장시스템 관리자를 고용하였다.

이를 통해 회사가 한 말의 실천을 위해 돈을 투자할 의사가 있음을 직원들에게 알려주었고, 뉴스레터를 통해서 널리 알려졌다. 그 결과 직원들은 회사가 능률적으로 일하고 일찍 퇴근할 수 있는 환경조성을 위해 진지하게 노력하고 있다는 사실을 깨닫기 시작하였다.

변화의 성공지침

조직변화는 프로세스와 관련하여 활동이 이루어져야 한다. 자동화로 업무속도를 향상시키는 것으로는 근본적인 변화의 성과를 얻기는 어렵다. 단순한 프로세스의 자동화가 아닌 그것들을 재구

축하기 위한 정보시스템이 갖추어질 때, 그것은 조직변화가 된다.

서비스 분야에서 나타나고 있는 조직변화의 지침들을 소개하면 다음과 같다.

- 업무보다 결과를 이용하는 사람들로 조직한다.
- 프로세스를 실천하는 사람이 그것의 산출물을 이용하도록 한다.
- 정보시스템 활용을 업무에 통합시킨다.
- 지역적으로 산재된 자원을 항상 집중되어 있는 것처럼 다룬다.
- 결과를 통합하기보다는 비슷한 활동 간에 연결되도록 한다.
- 업무가 수행되는 곳에서 결정이 내려지도록 하고, 통제를 작업 속에 통합한다.
- 진행 중의 일에 대하여 항상 자료와 작업결과를 확보한다.

PART 2
조직변화의 버스 여행

1.

변화를 이끄는 사람은 리더

조직을 버스에 비유하여 보자. 버스를 정해진 목적지까지 안내하는 사람이 기사라면, 조직이 의도한 변화를 이루도록 구성원들을 이끄는 사람은 경영자를 비롯한 리더이다.

조직이 무엇을 변화시킬 것인지가 불분명하면, 조직은 어디로 나아갈지를 모른다. 무엇을 변화시킬 것인지가 분명할 때, 조직은 의도한 변화를 이끌어낼 수 있고, 그 과정(여정)까지 동참하기를 원하는 구성원들과 함께할 수 있다.

조직은 무엇을 변화시키려고 하며, 어디를 거쳐서 의도한 변화를 이루게 할지를 스스로 결정하면서, 조직을 경영하여야 한다. 이제까지 비전의 설정도 없이 조직을 경영하였다면, 지금부터라도 리더는 자신의 생각·신념·행동을 선택하여야 한다. 조직이 무엇을 어떻게 변화시킬지를 결정해야 한다. 그리고 그것에 대하여 책임을 져야 한다.

리더에게는 조직이 이루어야 할 변화에 대한 선택권이 있다. 리더는 그 선택권이 자신에게 있음을 인식하고, 무엇을 변화시켜야 할지를 찾아보아야 한다. 선택할 대상이 많은 것을 알게 되는 순간, 리더인 당신은 그것을 다시 한 번 생각하게 될 것이다.

나는 무슨 변화를 이끌어내고 싶은가? 내가 정말로 무엇을 변화시키고 싶은가? 조직변화는 경영자와 구성원들이 함께 이루어가는 것이다. 남들이 한다고 변화를 따라 해서는 안 된다.

변화를 향한 조직의 비전을 가져야 한다. 비전이 있는 조직의 리더는 걸음걸이부터 다르다. 그의 발걸음에는 자신이 무슨 변화를 이끌어야 하며, 그렇게 하지 않으면 왜 안 되는가에 대한 확신이 있기 때문이다.

2.
변화를 이끄는 에너지

조직이 의도한 변화를 이루게 하기 위해서는 구성원들의 에너지를 한곳으로 모으는 집중이 필요하다. 조직이 무엇을 변화시킬지를 결정하였으면, 변화를 현실로 바꾸어야 한다. 구성원들의 생활, 생각, 행동 등을 바꾸어야 한다.

생각을 하면 그것이 이루어지듯이, 구성원들이 변화에 집중하면 집중할수록, 생각하면 생각할수록, 그것이 조직생활로 나타나게 된다.

그것은 구성원들의 생각이 에너지를 가지고 있기 때문이다. 자신의 생각을 통해 내보낸 에너지는 다른 사람의 에너지를 다시 내게로 끌어당긴다. 여러 사람의 에너지가 하나로 모이는 것이다.

이처럼, 사람의 생각에는 에너지가 있기 때문에 변화만을 생각하여야 한다. 변화가 아닌 다른 것에 집중해서는 안 된다. 에너지를 한곳으로 집중하기 위해서는 변화만을 생각하여야 한다.

변화의 그림을 마음속에 선명하게 그리면 그릴수록, 그것이 현실화될 가능성이 커진다. 경기에서 높은 점수를 내었거나 승리한 경기장면을 오래도록 마음속에 새긴 선수들이 실제로 경기에서 좋은 성적을 거두는 것처럼, 구성원 모두가 변화의 성공을 마음속에 그려보아야 한다. 그것을 선명하게 그릴수록 성공으로 다가올 가능성이 커진다.

3.

버스는 긍정적 에너지로 움직인다

버스는 연료로 움직이듯이, 조직변화는 에너지로 이루어진다. 연료는 긍정적 에너지이어야 한다. 긍정적 에너지가 변화를 추진하는 힘이라면, 부정적 에너지는 변화를 방해(억제)하는 힘이다. 조직을 한 걸음 앞으로 변화시키기 위해서는 긍정적 에너지를 버스에 가득 채워야 한다.

긍정적 에너지는 변화의 장애물과 힘든 문제들을 극복해주는 에너지로, 변화에 대한 믿음, 신념, 열정, 즐거움 등이 그것이다. 부정적 에너지는 조직의 변화를 저해하거나 지치게 만드는 것들이다. 조직이 변화를 추진하면서 부정적인 생각은 버려야 한다.

동전의 양면처럼, 조직변화는 긍정적인 면과 부정적인 면을 함께 가진다. 긍정적 생각으로 변화를 진행하여야 한다. 변화가 가져다주는 즐거운 것만을 생각하여야 한다. 모든 것은 마음먹기에 달린 것(一切有心造)이다.

붓다의 제자가 물었다. 제 몸속에는 두 마리의 개가 있습니다. 한 마리는 매사에 긍정적이고 사랑스러우며 온순한 놈입니다. 다른 한 마리는 사납고 고약하며 매사에 부정적인 놈입니다. 이 두 마리가 항상 마음속에서 다투고 있습니다. 어떤 놈이 이기게 될까요? 붓다가 침묵을 지키다가 "네가 먹이를 주는 놈이다"라고 말했다.

4

변화를 함께 이루어갈 구성원들을 참여시킨다

조직이 의도한 변화에 어떤 직원들을 얼마나 참여시킬 것인가? 조직변화의 버스에 많은 사람이 타면 탈수록 좋다는 것은 분명한 사실이다. 함께하는 직원들이 많을수록 보다 강력한 에너지로 변화를 이루어갈 수 있기 때문이다.

여기에서 문제는 어떤 직원들을 태울 것인가이다. 모든 직원을 변화의 버스에 태울 수는 없다. 그들 중에는 의도한 변화에 열정적으로 참여하는 사람이 있는가 하면, 그렇지 않은 사람도 있다. 그들 중에서 조직이 의도한 변화를 함께 이루고자 하는 직원들만을 참여시켜야 한다.

그러기 위해서는 변화를 이루고자 하는 버스(조직)의 티켓을 만들어야 한다. 티켓에는 조직이 의도한 변화의 행선지, 오랜 여정에 동참을 호소하는 메시지, 동참을 원하는 직원의 이름을 적을 난이 포함되어야 한다.

보다 많은 직원들이 변화의 버스에 승차하도록 하기 위해서는, 조직이 의도한 변화를 알려주고 그것에 함께 해주기를 호소하여야 한다. 다시 말하면, 조직의 비전을 함께 공유하여야 한다.

변화의 버스에 탑승하기 위한 티켓은 누구에게 어떻게 줄 것인가? 처음에는 직원들의 호기심을 유발하도록 하기 위하여, 변화를 이끌어갈 상위 리더에게 아무런 메시지가 없는 티켓을 이메일로 보낸다.

그 뒤 한 사람씩 면담을 하고 그들에게 중요 사항이 기재된 티켓을 건네주면서, 조직이 무엇을 어떻게 변화시킬 것인지를 다시 한 번 알려준다. 탑승을 원하는 직원이 티켓에 자신의 이름을 기재하여 언제까지 제출하도록 하면 된다.

탑승을 거부하는 직원들은 내버려둔다

모든 직원이 조직이 의도하는 변화에 탑승하지는 않는다. 변화의 버스에 탑승하지 않는 직원들도 있다. 그들에게 화를 낼 필요도 없으며 또한 감정적으로 받아들일 필요도 없다. 그들과는 사적인 관계가 아닌 공적인 관계로 보아야 하기 때문에, 그들은 그곳에 그대로 내버려두면 된다.

변화에 동참하기를 거부하는 직원들보다 함께 동참하고자 하는 직원들에게 먼저 신경을 쓰고 그들의 탑승을 축하해주어야 한다. 변화의 버스를 타고자 하는 그들은 조직의 비전에 참여하고 싶은 세일즈맨인 것이다. 이들을 통하여 보다 많은 하위 리더들을 탑승시킬 수 있다.

그리고 변화의 버스에 탑승시켜서는 안 되는 사람도 있다. 긍정적 자세로 협력할 수 있는 사람이 필요하다고 말하고, 그렇지 않은 사람에게는 버스에서 내리게 한다. 그리고 그것과 관련된 어떤 일과 회의에도 참석하지 않도록 하여야 한다.

변화의 버스에 탑승을 원하는 직원들은 어느 누구보다도 변화에 대한 의지, 변화의 성공에 대한 확신이 있어야 한다. 그래야 변화의 버스에 탑승하기를 거부하거나 빈정대거나 실패하기를 바라는 사람들을 이길 수 있다. 믿음과 확신에 찬 긍정적 에너지가 강해야 한다.

6.
탑승객들을 매료시킬 열정을
가져야 한다

변화의 버스 탑승객들을 변화로 이끌기 위해서는, 그들이 리더를 좋아하고 존경하며 따르게 하여야 한다. 탑승객들을 지시가 아닌 마음으로 이끄는 리더십을 발휘해야 한다. 이른바 감성지능이 그것이다.

감성지능(emotional intelligence)이란 다른 사람과 관계를 맺을 때 그리고 그들을 이끌거나 의사소통을 할 때, 마음의 힘을 이끌어내는 것을 말한다. 성공의 80%는 감성지능이 좌우한다는 연구 결과도 있다.

당신이 탑승객들을 변화로 이끌기 위해서는 관리자가 아닌 리더가 되어야 한다. 리더가 되기 위해서는 긍정적이고 전염성이 강한 리더십을 가져야 한다. 탑승객들은 리더가 마음으로 리드해 주기를 원하고 있다.

그리고 다른 사람들에게 긍정적 에너지를 전염시키기 위해서는 탑승객들을 마음으로 리드하여야 한다. 함께할 수 있다는 것에 감사를 느끼고, 긍정적 에너지로 마음을 채우고, 매사에 낙관적 태도를 가진다면, 탑승객들은 리더의 뜨겁고 힘찬 심장박동을 더 강하게 느낄 것이다. 탑승객들의 긍정적이고 강력한 에너지로 변화는 추진력을 얻게 된다.

리더가 조직의 변화에 열정과 에너지를 쏟으면, 구성원들은 그런 리더의 모습을 보고, 함께 동참하고 싶어 하고, 리더와 관계를 맺고 싶어 한다. 사람은 존재로서 설득하는 것이지, 지시로서 설득하는 것은 아니다.

7.

탑승객들을 사랑한다

변화에 대한 열정 못지않게 탑승객들을 사랑하는 것도 중요하다. 탑승객들을 사랑할 때, 진정으로 그들의 마음을 얻을 수 있으며, 그들을 리드할 수도 있다. 리더가 탑승객들을 사랑할 때, 그들 모두 한마음이 된다.

탑승객들이 리더를 따르게 되는 것은 리더가 진정한 사랑을 바탕으로 의사소통할 때 그리고 리더의 관심과 인정을 받고 싶을 때이다. 진정한 사랑은 물질적 보상보다는 사랑이 담긴 감정의 표시이다.

탑승객들을 사랑하는 방법으로 5가지가 있다. 첫째는 그들과 함께 자연스럽게 시간을 보내는 것이다. 리더가 자신들과 함께 시간을 보낼 때, 그들은 그 시간을 의미 있는 것으로 여긴다.

둘째는 그들에게 귀를 기울이는 것이다. 리더가 자신들의 말에 관심을 보이고 공감할 때, 그들은 리더가 자신의 말에 귀를 기울인다는 느낌을 받고 감동을 한다.

셋째는 그들을 인정해주는 것이다. 가장 의미가 있는 보상은 그것이 개별적이고 직접적으로 주어질 때이다. 탑승객 개개인이 한 일을 진심으로 인정하고 칭찬하는 것이다.

넷째는 그들을 섬기는 것이다. 진정으로 높은 사람은 리더를 대접하는 사람들에게 군림하지 않는다. 구성원들의 미래, 발전, 성장 등에 도움을 주고, 그들이 기꺼운 마음으로 일을 즐기고 버스에 탑승하도록 하는 리더가 섬기는 리더이다.

다섯째는 그들의 장점을 끌어내는 것이다. 우리가 누군가를 사랑하면 그 사람의 장점이 더 잘 보이듯이, 탑승객들의 장점을 보고 그것이 발휘될 수 있도록 해주어야 한다. 리더의 그들에 대한 최상의 애정표현은 그들 스스로 자신의 장점을 발견하도록 돕고, 그들에게 그것의 활용기회를 주는 것이다.

8.

변화의 목표를 인식하고 운전한다

목표는 조직변화의 여정까지 가장 중요한 연료이다. 변화의 버스가 목적지까지 안전하게 도착하기 위해서는, 연료도 있어야 하고 이와 함께 목표도 있어야 한다. 조직이 의도한 변화의 목표를 항상 인식하고 그것을 달성할 때까지 변화를 이루어나가야 한다.

조직이 의도한 변화의 목표를 잊어버리고 버스를 운전한다면, 목적지까지 안전하게 도착할 수 없다. 현재 조직이 의도한 변화의 목표를 항상 인식하면서 목표를 이루도록 하여야 한다.

목표도 에너지처럼 조직을 변화시키는 연료이다. 목표라는 연료를 채워줌으로써, 탑승객들에게 활기를 불어넣고 그들이 열정을 가지도록 한다. 변화의 행선지를 따라가며 목표를 인식하여 그것을 달성하도록 하여야 한다.

성공한 사람들의 공통점은 그들이 긴장감 속에서 생활을 하였다는 것이다. 인간이 자신을 채찍질하여 오늘에 이르게 한 것이

다. 긴장감이 두려움을 낳기도 하지만, 한편으로 에너지를 충전
해주기도 한다. 변화의 여정이 힘들 때마다, 함께한다는 사실에
감사하고 긴장감을 에너지 충전의 기회로 삼아야 한다.

변화의 버스에 타는 동안은 즐긴다

조직변화는 오랜 시간의 힘든 여정을 즐기는 것이다. 조직이 의도한 변화를 이루기 위해서는 어려운 고비를 넘겨야 한다. 이러한 고비는 변화의 여정에서 피할 수 없는 것이고, 그렇다면 그것을 즐겨야 한다.

당신이 변화를 즐긴다면, 변화가 가져다주는 어려움을 탑승객에게만 주는 선물로 있는 그대로 즐길 수 있어야 한다. 그런데도 탑승객들은 눈앞의 선물은 보지 못하고, 조그만 것(승진, 갈등 등)에 집착한다. 변화의 여정을 얼마나 즐기느냐에 따라 당신의 조직은 달라진다.

우리의 모든 일에는 이유가 있는 것처럼, 어제의 어려움이 있었으면 내일의 기쁨도 있다. 변화의 어려움을 극복하였기에 오늘의 성공이 있는 것이다. 역경은 시험의 연속이며, 조직이 성장하고 도약하도록 돕는 발판이다.

10.
에너지를 재충전한다

조직의 에너지는 결국 직원들의 에너지이다. 직원들의 에너지는 한정되어 있다. 아무리 오랜 시간을 일해도 하루 24시간이다. 일하는 시간은 물론 일하는 사람도 한정되어 있다. 그래서 에너지는 한정된 자원으로 높은 가치(성과)를 창출할 수 있는 힘인 것이다.

직원들은 그들의 욕구가 충족될 때 에너지가 창출된다. 직원들의 신체적·감성적·정신적 욕구 등을 충족시켜 주어야 그들의 에너지가 최고로 창출되고 조직의 성과도 최고로 올릴 수 있다.

그런데 에너지의 창출 못지않게 중요한 것이 에너지의 재충전이다. 직원들의 에너지가 고갈(방전)되기 전에, 그것을 재충전시켜 주어야 한다. 이를 위해 절대적으로 필요한 것이, 직원들의 신체적·감성적·정신적 욕구의 충족이다. 이들 3가지 에너지가 조화를 이룰 때, 구성원들의 자발적 에너지가 솟아난다.

신체적 에너지

직원들의 에너지는 근본적으로 그들의 신체에서 나온다. 이 신체적 에너지의 바탕은 수면이다. 충분한 수면을 취하지 못하면 에너지의 창출(충전)도 성과의 창출도 어렵다.

미국 시카고 대학의 연구에 의하면, 17일간 먹이를 먹지 않은 쥐는 죽지 않았지만, 17일간 잠을 못 잔 쥐들은 모두가 죽었다. 이것은 수면이 그만큼 중요하다는 것이다. 그래서 국제사면위원회는 잠을 안 재우는 것을 고문으로 간주한다.

수면을 취해야 한다는 것은 잠을 자는 동안 사람의 뇌는 학습을 하기 때문이다. 잠자는 동안 사람의 뇌파는 90분 단위로 생체리듬을 반복한다고 한다. 사람의 몸은 잠을 잘 때나 깨어 있을 때나, 항상 90분 단위로 생체리듬을 가지는데, 이것이 에너지를 재충전시킨다.

그리고 한 대학의 연구팀은 바이올린 연주자를 대상으로 실험을 하였다. 연주자 30명을 실력에 따라 3집단으로 나누어, 실력이 가장 좋은 연주자들을 관찰하였다. 그들은 90분 단위로 집중적으로 연습하고 휴식을 가졌다. 그들은 에너지를 재충전한 뒤에 다시 90분 동안 연습을 하였던 것이다.

이러한 생체리듬을 활용하기 위하여, 구글(Google)은 90분 동안 집중적으로 일한 뒤에 재충전을 위한 시설, 즉 빛과 소음을 차단할 수 있는 뚜껑이 있는 의자를 마련해준다. "자는 게 남는 것이다"라는 옛말의 의미가 새롭게 다가온다.

감성적 에너지

일을 시작하는 하루의 마음가짐이 중요하듯이, 긍정적인 감성을 가질 때 높은 성과를 낼 수 있다. 하지만, 이것은 이성을 유지할 수 있을 때 가능한 것이다. 직장에서 직원들 간의 갈등, 일의 누적, 불평불만 등은 직원들의 이성을 마비시킨다.

현실적으로 상존하는 부정적 감성은 에너지와 성과의 창출을 어렵게 만든다. 그것은 주변 사람들의 무시와 무관심에서 나온다. 조직에서 인정받지 못하는 경우에는 부정적 감성이 부정적 행동으로 표출된다.

감성적 에너지는 긍정적인 인간관계에서 충전된다. 동료와 상사로부터의 칭찬·관심·인정 등이 감성적 에너지의 충전에 영향을 미친다. 동료들 간에 서로를 인정하는 분위기의 조성이 필요하다.

정신적 에너지

일(업무)을 함에 있어서 중요한 것은 집중력과 만족감이다. 직원들이 자신의 맡은 일에 모든 역량을 기울일 수 있을 때, 성과가 높아지고 만족감을 느낀다. 이것이 정신적 에너지이다.

직원들의 집중력을 높이기 위한 방법은 무엇일까? 소니픽쳐스(SONY Pictures)는 직원들의 이메일 사용시간을 제한(오전 8시~오후 8시)함으로써 그들의 집중력을 높인다. 수없이 오는 이메일만 확인하고 답변하다가는 아무것도 집중할 수 없기 때문이다. 이는 조직 차원에서 정신적 에너지를 충전할 수 있도록 노력한 것이다.

직장에서 잦은 회의도 집중력을 떨어뜨린다. 그래서 최근에는 회의시간을 15분을 넘기지 않도록 하거나, 그 횟수(回數)도 줄이고 있다.

집중력과 만족감 외에도 자신의 일에서 가치를 느낄 수 있도록 하는 것도 정신적 에너지의 충전에 많은 도움을 준다. 매일매일 출근하는 것이 즐겁고 빨리 가고 싶은 마음이 들도록 하여야 한다. 경영자의 사회적으로 소중한 가치를 담은 비전과 목표의 제시가 에너지의 충전과 높은 성과를 낳는다.

PART 3
조직변화의 에너지원

1.
일과 놀이의 결합

우리는 일과 놀이를 별개의 것으로 알고 있다. 이는 놀면서 일을 할 수는 없다는 의미이다. 일도 놀이처럼 내가 좋아서 즐겁게 할 수 있다면, 그것보다 좋은 것은 없을 것이다. 놀이를 이용하여 직장의 분위기를 변화시켜 볼 필요가 있다.

미국의 한 어시장에서는 각 지역으로 배달한 생선을 멀리서 던진다고 한다. 생선이 날아가는 포물선이 정확하고 멋있어 손님들이 즐겁게 쳐다본다. 놀이처럼 일하는 결과가 주는 것은 즐거움, 생산성 향상, 시간과 노력의 절감 등일 것이다.

우리가 직장에서 무엇을 던질 수는 없지만, 어떤 도구를 사용하여 즐겁게 할 수는 있을 것이다. 미국의 한 장거리 전화회사의 콜센터는 플라스틱의 팔찌를 직원 모두에게 나누어주고, 그들이 고객에게 감동을 준 행위를 하였을 때, 물고기를 팔찌에 달아주었다.

그 물고기의 숫자가 그들의 행동을 객관적이고 정확하게 관찰한 기록이었다. 그다음 그 물고기를 통에 집어넣고 뽑기를 하여 자기 이름이 쓰인 고기가 나오면 달려가서 자석이 달린 막대기로 상품을 낚는 게임을 놀이로 만들었다.

이처럼, 일을 통한 놀이는 고객들에게 즐거움을 주어야 하고, 분명한 목적(고객이 다시 찾도록 하는 것)이 있어야 한다. 일을 통한 놀이는 단순한 활동만이 아니라 새로운 에너지를 이끌어내고, 창의력을 폭발시키는 마음의 상태인 것이다.

병원에서의 변화에너지

만일 병원에서 놀이의 개념을 간호업무에 도입하면 어떻게 될까? 실제로 미국의 미주리 침례교의료센터의 간호사는 짜증을 내거나 심통을 부리는 환자에게 물고기를 주면서 "여기 짜증을 날려줄 친구가 갑니다"라고 하자 호응이 대단하였다고 한다.

그리고 어떤 간호사는 힘든 치료를 잘 이겨낸 환자에게 물고기를 주었는데, 그 환자는 그것을 백만 달러 수표처럼 좋아하더라는 것이다.

또한 말기 상태이거나 회복 가능성이 없는 환자들에게 물고기는 희망을 주었다고 한다. 오랜 투병생활에 지친 삶을 포기한 환자에게 치료를 받을 때마다 물고기를 주다가 뒤에는 박제 생선을 주었다. 그 결과 치료를 받을 때마다 삶에 대한 의지가 살아 나 기적이 일어났다.

또 다른 예는 혈당 수치를 아무 데나 기록하는 의사 때문에 골 머리를 앓은 간호사들이 그것에 대하여 불평을 하면서, 그 의사 에게 사진 한 장을 달라고 하였다.

그리고 그 사진을 사용해도 되느냐고 물은 다음, 간호사는 그 사진을 만화 위에 붙여놓고 아래에는 '혈당을 제대로 기록하세 요!'라고 적어놓았다. 그 후 그 의사는 혈당수치를 제자리에 기 록하였다고 한다.

이처럼 놀이를 통한 일은 즐거움을 주고 생산성 향상을 가져 다준다.

판매업에서의 변화에너지

최근에는 매장에서 고객이 놀면서(즐기면서) 쇼핑을 하도록 하는 펀핑(Funpping) 바람이 불고 있다. 이는 쇼핑(Shopping)과 재미(Fun)의 합성어로서, 쇼핑에 싫증을 내는 남성 고객들을 매 장으로 유인하기 위해 매장 곳곳에 놀이요소를 배치하여 자연스 럽게 쇼핑하도록 하기 위함이다.

매장 안에 오락기계, 미니당구장, 속옷을 살 수 있는 자판기, 최신 음반을 무료로 들을 수 있는 오디오기기 등을 설치해놓고 있다.

또한 남자 고객들의 패션 센스를 자극하기 위해, 매장 직원의 패션을 독특하고 재치 있게 하도록 하는 것도 펀핑을 자극하는 또 다른 요인이 되고 있다.

서울 강남의 한 매장은 직원들의 옷차림에 크게 신경을 쓴다. 이 매장은 개성 있게 입으라고 직원들에게 주문을 한다. 직원들이 옷을 멋있고 유쾌하게 입으면 이에 자극을 받아 옷을 구매하는 남자 고객들이 많다는 것이다.

제조업에서의 변화에너지

미국기업 브래디(Brady)는 따분해질 수 있는 청소에서 일종의 놀이 개념을 도입하였다. 작업공간이 특별히 깨끗한 직원에게 올해의 브래디청소인증서를 수여하는 것이다.

시상식 날에는 사장이 마샤 스튜어트(Martha Stewart) 복장을 하고, 직원들 사이를 돌아다니며 피자를 나누어준다. '이것이 시간 낭비가 아닌가?'라는 지적에 대해, 사장은 업무로 인해 느끼는 부담을 줄여주고, 일터에서 직원들과 대화를 나누고 싶었다고 한다.

이처럼 일과 놀이를 결합하는 방법은 다양하다. 조직에서 놀이를 도입할 때는 직원들에게 그것을 주입하거나 강요하기보다는, 마음에서 우러나오는 진정성이 있어야 한다.

그리고 놀이를 통해 직장을 즐겁고 활기차게 만들어준다는 믿음이 있어야 하고 예측이 가능하도록 하여야 할 것이다. 놀이가 고객에게 즐거움을 줄 수 있어야 한다.

2.
따뜻하고 세심한 배려

직원의 따뜻하고 세심한 배려는 고객을 감동시킨다. 그리고 이
것은 고객을 편하게 해준다. 배려는 고객에게 특별한 추억의 선
물을 주는 것이며, 선물을 받은 고객은 다른 사람들에게 소문을
전파한다. 소문은 물결처럼 멀리멀리 번져 나간다.

한 음식점에서 고객이 식사를 마치고 카드로 결제한다. 종업원
이 카드를 결제기에 긁으면서 걱정스러운 표정으로 다른 카드가
없는지 물어본다. 손님이 주머니를 뒤지면서 당황해 한다.

종업원은 이때 "그냥 알고 싶었을 뿐입니다. 다른 카드는 필요
없어요. 혹시 그냥 갖고 계신지 물어보았어요"라고 말했다. 손님
은 어이가 없고 허탈해하면서 웃고 말았다. 종업원의 엉뚱한 장
난이 손님의 기억에 오래도록 남게 하였다.

또 다른 사례도 있다. 어떤 조직은 사내에 놀이위원회를 만들
고, 사기 진작을 위해 재미있는 놀이를 제안했다. 벽에 낙서장을

만들고, 사진 콘테스트, 깜짝 이벤트, 오늘의 주인공 등등.

특히 오늘의 주인공은 대단한 관심을 끌었다. 오늘의 주인공을 선정하고 그 부서를 파티 분위기로 장식한 다음, 주인공을 기다린다.

동료들은 다음이 누구 차례인지 궁금해하면서 기다린다. 직원들은 무언가를 받는 것보다 오히려 남을 위해 무언가를 준비하고 베푸는 마음이 더 즐겁다는 사실을 깨닫는다.

따뜻하고 세심한 배려를 통해 고객이 "자신의 날"로 기억할 수 있도록 추억거리를 만들어주어야 한다. 고객 스스로 존경을 받고 있다고 느낄 수 있다고 해주는 것이 필요하다.

3.
전담직원의 배치

직원은 고객 한 사람 한 사람에게 언제나 최선을 다해야 한다. 만일 직원이 여러 고객을 상대한다면, 제대로 된 고객서비스는 어렵다.

고객은 항상 직원이 자신에게 집중하고 관심을 가져다주기를 바란다. 다시 말하면, 고객은 자신이 있는 자리에 직원이 함께 있어 주기를 바라는 것이다. 이것은 곧 당신에게 집중하고 있음을 의미한다.

영국의 한 이발기업 트루핏 앤 힐(Trufitt and Hill)은 입구에서 고객을 맞은 직원이 그가 문을 나설 때까지 전담하여 이발서비스를 제공한다. 특히 면도서비스는 1시간이 소요될 정도로 철저히 제공된다. 이 이발기업은 고객에게 집중적인 서비스의 제공으로 160년의 역사를 이어오고 있다.

그리고 병원도 이런 서비스가 필요할 것이다. 환자에게 가장 필요한 것은 무엇보다도 의료진이 항상 가까이서 함께 해주는 것이다. 환자들에 대한 애정과 관심일 것이다.

간호사는 환자에게 주의를 기울이고 관심을 두는 사실만으로, 병을 치유하는 데 많은 도움을 준다. 지금보다 조금 더 환자에 대한 세심한 서비스가 요구된다.

4.

상징물의 주고받기

조직에서 부서의 벽이 높고, 전문인이 많은 조직일수록, 의사소통이 절실히 요구된다. 특히 병원이 그러하다. 의료서비스를 제공함에 있어서 환자를 돕는 데 호흡이 안 맞고 그것에 인색하다면, 조직변화를 통해 간호사들을 위기에서 구출해야 할 것이다.

병원에서는 여러 사람이 힘을 모으는 협동심이 요구된다. 협동심은 누구의 강요가 아닌 자신의 의지, 즉 자신이 그렇게 하고 싶을 때 생겨난다.

이를 위해 환자를 위해 봉사하는 힘든 일을 즐겁게 할 때, 다른 사람에게 관심도 갖게 되고 배려심도 생겨난다. 남을 배려하고 친절을 베푸는 것은 자신의 선택에 달린 것이다.

어떤 조직은 협동심 훈련에 친절의 상징물을 직원들에게 나누어주고, 자신에게 친절을 베푼 동료에게 그것을 준다. 그러면 그것을 많이 받은 사람과 적게 받은 사람이 있게 되고, 적게 받은 사람은 많이 받은 동료에게 "이것은 내가 할 테니 상징물을 받아 보지"라고 말해준다.

이런 상징물 주고받기를 통해, 직원들은 자신도 모르는 사이에 스스로 돕는 일에 익숙해진다. 상징물을 받으면 직원들 사이의 어색함과 서먹함을 들어준다.

5.

일상의 마음가짐

우리의 일상생활은 모두가 자신의 선택하에 이루어진다. 자신이 선택한 오늘의 행동이 자신이 원하는 모습인지를 생각해보아야 한다. 만일 자신이 원하는 모습이 아니라면, 자신이 선택하는 하루하루의 행동은 바뀌어야 할 것이다.

하루하루 자신의 마음가짐을 스스로 선택하여 자신의 일상을 바꾸어야 한다. 즐겁게 삶을 살고 싶으면 그렇게 행동을 하여야 한다. 활기찬 인사와 함께 즐겁게 업무를 수행하려면, 직원들 스스로 놀이를 개발해야 한다.

공구를 이용하거나 대화로서 놀이를 할 수도 있다. 대화로 서로를 이해하고 장난을 치며, 즐겁게 노는 가운데 서로를 진심으로 존중하게 된다. 큰소리를 치지 않고, 인상을 쓰지 않으며 즐겁게 지내면 하루하루가 보람 있고 소중하다.

누군가를 기쁘게 해주자는 마음가짐으로 하루를 시작한다면

항상 즐겁고 즐거운 기운이 넘쳐날 것이다. 오늘 나는 어떤 마음
가짐으로 살고 있는가? 그리고 지금 나의 모습은 자신이 원하는
모습인가를 생각하면서…….

6.
의미 있는 인정

조직을 떠나는 이유는 무엇일까? 대개는 조직이 자신이 한 일을 제대로 인정해주지 않기 때문이다. 다시 말하면, 조직에 대한 자신의 기여도와 자신의 존재를 인정해주지 않는 이유 때문에, 조직을 떠나는 것이다.

구성원에게 인정은 매우 중요한 요소이다. 보상은 적더라도 인정을 받으면 조직을 떠나지 않으려 한다. 구성원들은 조직으로부터 인정을 받고 싶어 하므로, 인정은 동기부여의 핵심요인이 되고 있다. 따라서 조직(경영자)은 항상 구성원들의 인정받고 싶은 욕구를 기억해야 한다.

인정은 칭찬과 함께 가장 강력한 동기부여의 요소이지만, 매번 인정을 해줄 필요는 없다. 때로는 단순히 긍정(확인)을 해주는 것만으로도 인정이 되고, 구성원들에게 질문, 경청, 감사의 말 등을 하는 것으로도 인정이 된다. 이는 경영자와 구성원들 간의 친

근감을 보여주는 것이다.

특히 이러한 인정은 조직이 어려운 시기에 그 진가가 드러난다. 리더의 말 한마디가 구성원들의 사기를 북돋아 주며, 어려움을 극복하게 만든다.

인정은 어떻게 해주어야 할까? 당신의 조직에서 인정은 어떻게 이루어지고 있는가? 일반적으로 인정은 다음의 방법으로 해주는 것이 바람직하다.

－공개적 발표를 통해서 인정한다.

－공로상을 마련하여 인정한다.

－상에 의미를 부여하여 인정한다.

그리고 헌신적인 노력을 한 직원에게는 그의 업적을 기리는 작업, 즉 비디오로 제작 방영하거나 홈페이지에 올리는 방법도 있다. 이는 조직에서 소영웅을 만들어주는 좋은 인정의 예이다.

7.
명예로운 희생

조직변화에서 희생은 긍정적인 힘을 안겨다 준다. 희생이란 다른 사람의 이익을 위해 자신의 이익을 포기하는 것이다. 보통은 경영자가 구성원들에게 요구하지만, 경영자 자신이 요구하는 경우도 있다.

다른 사람에게 희생을 요구하려면, 혜택을 보는 다른 사람들에게 그 사실을 알려야 한다. 즉, 경영자는 자신의 이익이 아닌 조직의 이익을 위해 일하고 있음을 구성원들에게 알려야 한다.

또한 희생은 적절한 순간을 선택하여 이루어져야 한다. 조직의 위기 시에는 리더의 희생이 필요한 기회를 만들며, 적절한 순간을 선택하여야 한다.

그리고 희생을 요구하기 이전에 먼저 자신을 희생할 수 있어야 한다. 조직이 어려움에 처할 때, 경영자가 먼저 자신의 임금인상을 포기하는 것이 동기부여에 효과적이다.

구성원이 조직 전체의 이익을 위해 희생하였을 때, 조직은 그의 희생을 기억해줄 수 있어야 한다. 그렇게 될 때 다른 구성원들에게도 희생을 기대할 수 있다.

8.
사명문

사명문(mission statement)은 개인이나 조직의 존재 이유를 문서로 공식화한 것이다. 이는 사회생활을 하면서 또는 조직경영을 하면서, 자신의 나아갈 길을 알려주고 평가하고 수정하는 역할을 한다.

> 내가 온 것은 영원한 생명을 얻게 하고,
> 그것을 풍성하게 얻게 하려는 것이다.

이는 예수의 문장으로, 인류 최초의 사명문이 될 것이다. 이 짧은 문장은 교인의 사생활에서 포교활동에 이르기까지 모두를 포함하는 하나의 지침서이다.

그러면 나 자신의 사명문을 만들어보자. 사람은 누구에게나 자신에게 맞는 사명이 있다. 하지만 대부분의 사람들은 그 사명을 찾지 못하고 있다. 그 이유는 무엇일까?

자신에게 맞는 사명을 찾기 위해서는, 나 자신을 되돌아볼 수 있어야 하는데 그렇지 못하기 때문이다. 나 자신을 되돌아보고 나 자신의 사명문을 만들어보자.

이를 위해, 앞에서 언급한 자신이 원하는 미래의 모습을 먼저 그려보아야 한다. 자신이 무엇이 되기를 원하는지 적어보고, 그 다음에 가족이나 조직의 기대에 부응하는 자신의 모습을 그려보는 것이다.

바람직한 사명문은 예수의 사명처럼, 당신의 모든 활동이 그것으로부터 나올 수 있도록 폭넓게 작성하는 것이다. 한 전문가는 사명문을 만드는 공식을 다음과 같이 소개한다.

> 홍길동의 사명은 (X)와 함께 또는
> (X)를 위하여 (Y)를 (Z)하는 것이다.

여기에서, X는 자신이 도울 집단이나 목적이고, Y는 자신이 가장 중요하게 생각하거나 자신을 흥분시킬 수 있는 핵심가치를 말하며, Z는 자신의 미래활동을 구체화시킬 수 있는 언어(동사) 3개 이상을 적도록 하고 있다.

만일 당신이 직장인이라면, 조직의 사명과 자신의 사명을 조화시킬 수 있어야 한다. 그렇지 못하면 그들은 수많은 시간을 무의미하게 보내거나 활기찬 생활을 영위하지 못하게 된다.

효율적인 생활을 위해 직원들은 직장의 사명을 알고, 임원들은 직원들의 사명을 알아, 그것들을 상호보완시켜야 한다.

당신 자신이 원하는 미래의 모습을 그릴 수 있다면, 당신의 행동은 변할 것이다. 그 변화가 조직변화로 이어질 것이다. 마음속으로 떠오르는 그림들은 조직을 변화시키는 에너지원이다.

9.
나 자신의 비전

사명문이 무엇을 해야 하는지에 대한 과정을 담은 것이라면, 비전은 그것의 최종목표가 된다. 다시 말하면, 비전은 조직(개인)의 이상이며, 사명을 따르기 힘들 때 반드시 지켜야 할 소중한 가치인 것이다.

콜럼버스가 신대륙 발견에 필요한 막대한 자금을 스페인 이사벨라 여왕으로부터 어떻게 얻어낼 수 있었을까? 그것은 바로 신대륙 발견을 하여 값비싼 금, 은, 향료 등을 실어오겠다는 비전을 제시하였기 때문이다. 이 비전은 그에게는 소중한 가치였던 것이다.

이처럼 비전은 중요하다. 개인과 조직은 비전이 있기에 존재하는 것이다. 비전은 개인과 조직의 존재가치인 것이다. 특히 조직에서 개인의 비전은 구성원의 내부에서 나오는 자발적 에너지로, 변화를 유지하고 비전을 항상 새롭게 만들어준다.

예를 들어, 간호사들이 간호업무에 대한 스트레스로 환자와 동료들 모두에게 헌신적인 간호를 하지 못하는 병원에서, 환자의 영혼과 정신까지도 보살피는 소중한 가치를 유지하기 위해 다음 과 같은 비전을 수립하였다고 하자.

환자의 육체적·정신적 요구까지도
돌볼 수 있는 새로운 경험을 한다.

간호사들이 새로운 경험을 공유하여, 그것을 환자들에게 안겨 주자는 것이다. 이 비전을 유지하는 에너지는 구성원(간호사)들 과의 대화를 통해 개개인의 비전을 도출할 때 생겨난다.

병동문화 또는 간호문화의 혁신에는 환자들을 기쁘게 해주는 동시에 투철한 서비스 정신으로 신명 나는 간호부를 건설하여야 한다. 전자가 외부적 에너지라면, 후자는 내부에너지로, 간호사 들의 마음에서 우러나오는 자발적 에너지인 것이다.

비전에 관한 대화에서 구성원들은 변화를 지속시키는 에너지 를 받게 된다. 비전에 대한 동료들과의 진지한 대화에서 개인의 비전을 찾을 수 있다. 조직의 비전을 공유하는 동료들과 대화를 나눔으로써 구성원들은 새로운 에너지를 충전하게 된다. 이것이 자발적 에너지이다.

개인의 비전을 찾는 방법은 동료들과 일에 대하여 대화를 하 는 것이다. 이것은 진심에서 우러나오는 진지한 대화이어야 한 다. 다음의 질문은 개인의 비전을 찾는 데 도움을 준다.

- 당신은 무슨 생각을 하며 업무에 임하는가?
- 당신은 무엇이 동료들을 즐겁게 해준다고 생각하는가?
- 당신은 언제 일하면서 조직의 비전을 실천한다고 느끼는가?
- 고객과 동료를 위해 제공할 수 있는 특별한 경험은 무엇이어
  야 하는가?
- 당신은 동료에게 어떤 도움을 주면 일하는 방식을 활기차게
  만들 수 있을까?

조직의 비전을 항상 싱싱하게 유지할 수 있는 비결은 조직의
비전 속에서 자신의 비전을 찾고, 그것을 서로 코칭하기로 약속
하는 것이다.

코칭은 비전의 중심을 잃지 않도록 동료들을 서로서로 도와주
는 것이다. 자기만족을 위한 비전이 아닌, 비전을 위한 코칭이어
야 한다.

참고적으로, 고객과의 관계에서 불이익을 여러 번 당한 경험이
있는 영업사원의 비전을 소개하면 다음과 같다.

나는 나를 기쁘게 하고 소중히 여기는 고객들만을 가진다.
그들은 나의 창조적 재능과 노력을 높이 평가한다.
우리는 서로가 서로에게 봉사한다.

그리고 예수는 다음과 같은 명확한 비전을 제시하였다. 그것은

사람들을 모으는 유용한 문구가 되었다.

내가 주는 물을 마시는 사람은 누구든지 영원히 목마르지 아니하리라. 너희가 내 안에 거하고 내 말이 너희 앞에 거하면 원하는 무엇이든지 구하라, 그러면 이루어지리라.

PART 4

조직변화의 성공

1.
조직변화의 성공이란?

조직변화는 구성원 모두가 각자의 역할을 충실히 수행할 때 이루어지며, 그 결과, 즉 조직의 성공(성과)은 구성원 개인의 성공과도 관련이 있다. 구성원 모두가 조직의 성공에 기여하였기 때문에, 조직의 성공과 개인의 성공 사이에는 상호의존성이 있는 것이다.

여기에서 중요한 것은 성공(성과)의 개념(의미)을 무엇으로 할 것이며, 조직의 성공과 개인의 성공을 어떻게 측정할 것인가이다. 성공을 측정하는 일반적인 방법은 성취도 또는 목표달성도가 높은 것을 의미한다.

하지만, 조직변화에서 성공은 조직의 생존(유지)이 첫째가 될 것이다. 그다음이 앞에서 언급한 조직성과의 4수준 등이 될 것이다.

그렇다면, 개인의 성공은 어떻게 측정할 것인가의 문제이다. 개인의 성공은 조직의 성공을 측정하는 방법과는 다르다. 개인의 성공은 개인의 가치에 따라 결정된다. 설사 개인의 성공을 측정하는 방법이 유사하여도, 목표는 저마다 다름을 이해하지 않으면 안 된다.

구성원 모두가 조직변화의 성공에 기여하도록 하기 위해서는 조직의 성공과 개인의 성공을 측정하는 방법이 개발되어야 할 것이다. 경영자는 조직의 성공과 개인의 성공에는 상호의존성이 있음을 알아야 한다.

변화의 성공률을 높이기 위해 주의해야 할 사항 5가지를 소개하면 다음과 같다.

필요한 변화만을 시도한다

과도한 변화는 피해야 한다. 변화를 받아들이는 개인마다 그 인식 수준에 차이가 있기 때문에 과도한 변화에 대한 객관적인 정의를 찾기는 어렵지만, 일반적으로 과도한 변화는 다음의 경우를 말한다.

이러한 변화들은 조직 구성원들을 혼란스럽게 하고 지치게 만들 뿐 효과를 거두지 못한다.

- 서로 연관성이 없어 보이거나 상충되는 듯한 변화를 동시에 추구하는 경우
- 전 단계의 변화가 마무리되지 않은 상태에서 또 다른 변화

를 추구하는 경우

- 경영 환경이나 조직의 상황이 변화를 필요로 하지 않으나 변화를 시도하는 경우
- 변화를 위한 변화를 추구하는 경우

따라서 변화에 성공하고자 하는 조직은 반드시 필요로 하는 변화만을 시도해야 한다. 필요한 변화라는 것은 두 가지 의미를 가진다.

하나는 유행을 좇지 말라는 의미이다. 변화의 필요성을 느끼지 못하는데도 다른 기업들이 한다고 그들을 좇아가는 것은 바람직하지 못하다. 우리 조직에 필요하다고 생각되는 변화만을 시도해야 한다.

다른 하나는 문제를 해결하기에 필요한 수준의 변화만을 하라는 의미이다. 예를 들어, 조직의 운영상에서 문제점이 나타난다고 해서 반드시 조직구조를 뜯어고치거나 BPR과 같은 대규모 프로젝트를 수행할 필요는 없다.

어떤 경우에는 한 부서의 책임자만 바꾸는 것으로 충분할 수도 있으며 또는 갈등이 생기는 부서의 장이 허심탄회하게 이야기를 주고받음으로써 문제가 해결될 수도 있다.

우리 조직에 어떠한 변화가 필요한지 판단할 때 효과성과 효율성을 고려해야 한다. 효과성(Effectiveness)은 조직에 필요한 변화가 무엇이냐는 문제이며, 효율성(Efficiency)은 어떤 변화가 상대적으로 적은 노력으로 큰 성과를 얻을 수 있는가의 문제이다.

실행을 염두에 두고 변화의 계획을 수립한다

조직변화가 실패한 기업들은 실행단계에서는 계획보다 많은 시간이 필요하게 되며 사전에 예상치 못한 문제가 발생하는 것이 실패의 가장 큰 원인이라고 한다.

조직이 변화를 실행하는 과정에서 예상치 못한 많은 요인들이 발생하는데, 그것이 실패 원인이라는 것이다. 이는 우리 조직은 변화를 시도하고 시작하는 데는 탁월하지만, 이를 실행하고 종결하는 데 취약하다는 것이다.

이러한 현상이 나타나는 원인 중의 하나는 상당수의 기업들이 무엇을 변화시킬 것인지가 불분명하였고, 그 결과 그것을 실행할 수 있는 계획의 수립이 이루어지지 못하였다는 것이다.

앞으로는 변화를 어떻게 일으킬 것인지에 초점을 두어 그것의 실행력을 높여야 할 것이다.

변화의 실행력을 높이기 위해서는 현실적인 제약이 무엇인가라는 질문에서부터 출발하여 계획을 세워야만 한다. 즉, 변화에 투자할 수 있는 자원이나 구성원들의 현재 역량 수준 등을 먼저 확인하고 주어진 제약 조건하에서 최대의 효과를 거둘 수 있는 실행 계획을 수립하여야 한다.

그리고 너무 세세한 부분까지 계획을 세우는 것도 바람직하지 않다. 지나치게 세밀한 계획을 세울 경우, 막대한 비용의 소요는 물론 계획의 실행과정에서 사전에 예상치 못한 문제의 발생으로 유연한 대처가 어렵다.

따라서 변화의 계획은 큰 가이드라인을 제시하는 수준에서 수립되는 것이 바람직하다. 변화의 실행과정에서는 변화를 통해 얻고자 하는 결과적인 모습이 무엇인지 그리고 변화의 기본 전제가 무엇인지에 대한 질문을 실무자들이 스스로 던지면서 답을 찾아갈 수 있도록 해야 한다.

변화를 단계별로 구분한다

변화는 상당히 추상적인 개념이고 달성하고자 하는 목표의 수준도 매우 높다. 변화의 이러한 속성은 구성원들이 변화에 관한 이야기를 듣는 순간 '과연 할 수 있을까'라는 회의적인 생각이 먼저 떠오른다. 조직이 의도한 변화의 계획이 실행 불가능한 것으로 인식하는 경우, 구성원들은 변화에 수동적으로만 반응하게 된다.

조직이 의도한 변화를 구성원들로 하여금 실행이 가능한 것으로 느끼게 하기 위해서는 큰 변화의 계획을 여러 단계로 나눌 필요가 있다. 즉, 단계적인 실행의 계획과 목표를 세워야 한다.

작은 변화의 계획은 달성하기가 쉽다. 조직의 큰 변화를 작은 변화들로 나누어, 그것들을 연속적으로 달성하는 것이다. 이른바 땜질식 변화(Tinkering & Kludging)를 통하여 조직이 의도한 변화를 이루어내는 것이다.

이러한 변화는 비용이 적게 들며 조직의 안정성을 덜 파괴할 뿐만 아니라 기존의 것들을 다 버리고 새로운 것을 도입하는 것에 비해 그 실행 속도도 빠르다는 장점이 있다.

변화의 속도와 강도를 조절한다

조직변화는 5~10년이 소요되기 때문에, 구성원들이 지치지 않도록 조심하여야 한다. 이를 위해서는 변화의 속도와 강도를 적절히 조절하여 변화로 인한 피로(Change Fatigue)를 예방하여야 한다.

미국의 GE사는 급격한 변화를 추구하면서도 그 변화의 속도를 조절하였다. 1980년대에는 대량 해고, 매각 등 급격한 변화를 추구하였지만 1990년대에는 벽 없는 조직의 구축, 6시그마 등 보다 덜 파괴적인 변화를 추구하였다.

특히, 변화를 이야기할 때 자주 언급되는 거스너(Lou Gerstner)는 변화의 속도 조절에 능숙한 CEO이었다. 그는 항상 변화로 인한 냉소주의나 번아웃(Burn-out)과 같은 조직 피로에 주의를 기울였다.

이 모두가 조직의 안정성을 보강하기 위한 것이었다. 이들은 조직변화의 성공은 조직의 안정성에 의하여 결정된다는 사실을 알고 있었으며, 커다란 변화와 작은 변화를 조절하였던 것이다.

과거로부터 배운다

과거에 시도했던 변화에 관한 기억을 관리할 필요가 있다. 이는 한정된 자원의 효율적인 활용을 위해서도 필요하지만, 무엇보다도 과거에 나타났던 문제점을 다시 되풀이하지 않기 위해서 필요하다. 과거의 경험에서 배우지 못한 조직은 똑같은 실수를 반복하게 된다.

많은 학자(전문가)들이 다양한 변화관리의 방법론을 제시하고 있지만 그 어떠한 방법론도 성공으로 이끄는 절대적인 경로는 아니다.

과거의 문제점들에 대하여 주의를 기울이고 자사의 특수한 상황에 따라 보다 심도 있는 고민을 한다면 변화의 성공 확률을 보다 높일 수 있을 것이다.

2.

변화는 기다림이다

조직변화는 시간이 필요하다. 변화는 구호를 외치고 가르쳐서 이루어지는 것이 아니라 보여주는 것이다. 경영자는 변화를 요구하기 전에 먼저 자신의 변한 모습을 보여주어야 한다. 경영자를 비롯한 구성원들의 작은 변화가 조직의 변화를 가져오는 원동력이 된다.

옛것을 배우고 새것을 익힌다는 온고지신(溫故知新)처럼, 변화하기 위해 시간이 필요(Time for reflection)하다는 것이다. 옛것을 기반으로 보다 나은 것으로 개선해 나가는 것이 중요하다. 회고를 통해서 더 나은 것을 만들 수 있다는 의미다.

기존 시스템의 문제를 파악해서 원인을 찾아내고 개선해 나가는 것이 필요하다. 급격한 변화보다는 하나씩 바꾸어 나가는 것이 중요하다. 이것은 조직변화에서 구성원들이 가져야 하는 마음가짐이다.

처음부터 조직의 큰 변화는 구성원들의 많은 저항을 가져오기 때문에, 변화를 지속적으로 하기는 어렵다. 변화를 지속적으로 하기 위해서는 조직의 작은 변화에 대해 서로 평가하고, 그 성공(small success)을 함께 공유하는 것이 중요하다.

조직의 작은 성공을 구성원 또는 팀원들과 공유함으로써 변화의 지속성을 유지하는 것이 중요하다.

조직의 작은 성공이 모여서 조직의 큰 성공을 이룬다. 조직이 의도한 변화를 이루기 위해서는 몇 개월이나 몇 년이 아닌 수십 년에 걸쳐서 이루어지는 과제일 수도 있다.

따라서 조직의 변화는 인내심을 요한다. 이것은 우리가 조직변화에서 가져야 하는 마음가짐이다. 조직이 변화를 인식하고 최상의 성과를 거두는 데 걸리는 시간이 오래 걸리기 때문에, 이에 대한 인내심이 필요하다.

조직변화의 성공은 망아지를 자연스럽게 타는 것처럼, 많은 시간이 걸린다. 갓 태어난 망아지는 움직이려는 본능이 강하기 때문에, 그것을 이해하고 훈련시키기까지는 말을 타기가 어렵다.

3.
변화의 시점과 속도를 조절한다

조직의 변화가 성공을 거두기 위해서는 변화의 시점을 잘 선택하여야 한다. 대개의 경우는 환경의 변화를 피부로 느낄 때 또는 환경의 변화가 분명하지도 않을 때, 조직변화를 시도한다. 이때는 좋은 시기가 아니다.

변화를 위한 적절한 시점은 위기가 오기 전에 일이 잘 진행되고 또한 반드시 변화를 하지 않아도 되는 시기이다. 위기가 닥쳐온 이후에 변화를 하지 않으면 안 되는 시기에 변화를 하면 변화의 성과를 거두기 어렵다.

변화의 시점과 더불어 변화의 속도 또한 중요하다. 변화의 속도가 너무 빠르면 조직은 기능장애가 일어날 것이고, 그 속도가 너무 느리면 사람들은 가치관을 상실하고 열정 또한 식어버린다.

조직에 적합한 변화속도를 유지할 필요가 있다. 이를 위해 조직은 변화에 대한 준비성을 평가하여야 한다. 다음의 준비사항을 고려하여 속도를 조절하여야 한다.

- 변화에 대한 지원은 이루어지는가?
- 명확한 목표가 설정되어 있는가?
- 조직변화의 확대 가능성이 계획에 반영되어 있는가?

변화의 수용력

조직변화를 구성원들이 받아들이고 어떤 조치를 취할 수 있는 능력(수용력)이 있어야 실행에 들어갔을 때, 광범한 조직의 변화가 일어날 수 있다.

실제로 많은 조직들이 조직변화를 외치면서 아무런 가시적 조치도 취하지 않는 것을 볼 수 있다. 이것은 바로 변화의 수용력이 지원되지 못하기 때문이다.

변화에 대한 조치의 수용력은 강력한 교육과정에 의해서 향상된다. 적절한 기술전략, 이들을 구축할 시간, 안전한 환경에서 실행할 기회가 교육과정에 들어 있어야 한다. 또한 도구와 보조수단도 조직변화에 대한 수용력을 향상시키는 데 도움이 된다.

변화의 계획

설계도면이 없이 집을 지을 수 없듯이, 조직의 청사진 없이 조직변화를 실행할 수 없다. 하지만, 실제로 많은 조직들이 그것을 실행함에 있어 성급하게 전략적 계획도 없이 접근함을 볼 수 있다. 사전 계획이 있어야 조직변화를 추진하고 유지하는 데 필요한 상승작용을 가져온다.

4.

기술과 지식을 습득한다

조직이 변화를 하는 시기에는 구성원들에게 보다 효율적이고 효과적으로 일할 수 있는 방법을 가르칠 수 있는 사람이 필요하다. 관리자는 과거의 기술(지식)뿐 아니라, 새로운 지식과 기술을 습득하여야 한다.

새로운 환경이 요구하는 것을 배우려 하거나 개발하려고 하는 관리자가 있는 반면에, 어떤 관리자는 배우려고 하지 않거나 능력이 있어도 새로운 태도를 수용하지 않으려고 한다.

변화가 필요한 새로운 시대의 관리자는 구성원들이 가지고 있는 많은 지식을 끌어낼 수 있어야 한다. 이는 구성원들에게 자신의 업무를 개선할 수 있는 권한을 부여하고 조직의 새로운 비전을 제시하도록 하기 위한 것이다.

새로운 지식의 습득을 거부하거나 관망하는 자세를 취하는 관리자에게는 조직이 그들에게 기대하는 태도와 유형을 제시한 다음에,

그들에게 기대되는 기술이나 태도를 이해하도록 하여야 한다.

만약, 그럼에도 불구하고 적응하지 못하거나 적응하지 않으려고 하는 관리자들의 처리방안을 검토하여야 한다. 가능하다면, 그 사람에게는 관리와 관련이 없는 역할을 주어야 한다.

또한 관리자에게는 미래의 불확실성에 따른 가변성을 다루는 기술의 향상이 요구된다. 확실한 것은 아무것도 없고, 모든 과정의 결과가 가변할 수 있다는 것을 관리자는 인식하여야 한다.

관리자들은 직원들에게 가변성을 감소시킬 수 있도록 가르쳐야 한다. 중요한 것은 모든 과정의 결과는 가변하며, 의사결정은 한 번이 아닌 여러 번의 측정결과를 기초로 하여 이루어져야 한다는 것이다.

5.
장애물을 극복한다

조직변화의 성공을 저해하는 수많은 장애물이 있다. 그 장애물은 대부분이 구성원들 자신에게 원인이 있다. 경영진은 구성원들이 스스로 자신의 장애물을 제거할 수 있도록 도와주어야 한다. 그렇게 할 때 구성원들은 변화에 열정을 가지고 참여하게 된다.

구성원들이 변화에 주저하게 하는 장애물은 두려움이다. 변화에 대한 수많은 두려움을 제거하고 변화에 열정적으로 참여할 수 있도록 도와주어야 한다.

구성원들의 두려움을 제거하고 열정적으로 변화에 참여할 수 있는 방안이 변화계획에 반영되어야 한다. 이러한 변화계획이 실행 가능한 계획이다.

조직의 성공을 결정짓는 위대한 리더들의 공통점은 무엇일까? 성공의 기회는 계획보다 실행에 있다는 것이다. 저스틴 멘케스에 의하면, 위대한 리더들의 성공과 실패는 실행지능의 차이라고 한다.

이는 변화의 계획보다는 그것의 실행이 더 중요하다는 것이다.
조직변화에서는 실행 가능한 계획을 수립하는 것이 중요하다는
의미이다.

성공의 장애물

조직변화의 성공은 구성원 저마다의 역할을 충실히 수행한 결
과인데, 여기에는 많은 장애물이 따른다. 다시 말하면, 조직의 성
공을 저해하는 장애물이 있으며, 이를 극복하는 것이 중요하다.
조직의 성공을 저해하는 장애물로 다음과 같은 것이 있다.
- 구성원 공동의 목표(비전, 사명, 가치 등)가 없다.
- 관리자와 직원이 누리는 편익(특권)의 차이가 크다.
- 관리자에 비해 직원들에 대한 조직의 인정이 부족하다.
- 부서 간의 경쟁이 발생한다.
- 교육에 대한 지원이 감소된다.
- 아이디어가 공식적으로 인정되기 전에 여러 단계의 승인을
  받아야 한다.
- 아이디어를 고사시킬 정도의 연구를 위한 연구를 한다.

이러한 조직의 성공과 지속적 변화를 저해하는 장애물을 파악
하여, 변화의 우선순위에 따라 순차적으로 그것을 하나하나씩 개

선하거나 제거해 나가야 할 것이다.

변화를 방해하는 장애물을 제거함으로써 보다 창조적인 조직, 변화지향적인 조직으로 변화시킬 수 있다. 리더가 변화를 지지하는 행동을 보여줌으로써 장애물 제거를 시작할 수 있다.

장애물 원천의 관리

조직변화가 성공을 거두기 위해서는 구성원들의 변화에 대한 열정을 샘솟게 하여야 한다. 그런데 구성원들은 저마다 장애물을 가지고 있다.

사람들은 저마다 다르게 생각하고 행동하며, 각자 다른 동기를 가지고 있다. 사람들은 자기 자신만의 장애물을 가지고 있는 것이다.

장애물을 제거하려면 먼저 그것이 무엇인지를 알아내어야 한다. 열정적으로 움직이는 조직을 만들기 위해서는, 구성원들이 자신의 발목을 잡고 있는 장애물이 무엇인지를 찾아내도록 돕고 그것을 제거할 수 있도록 그들을 도와주어야 한다.

조직변화에서 구성원들이 속도를 늦추거나 행동을 하지 못하게 만드는 장애물은 두려움이다. 두려움이 구성원의 발목을 잡는다.

변화에 대한 두려움은 수없이 많지만, 보편적인 두려움은 다음과 같다. 비판에 대한 두려움, 거부에 대한 두려움, 실패에 대한 두려움, 원하는 것을 얻지 못하는 것에 대한 두려움, 가진 것을 잃게 되는 것에 대한 두려움 등이 그것이다.

이러한 두려움을 제거하고 변화에 대한 열정을 이끌어내기 위하여 리더들은 동기부여를 한다. 다른 사람에게 어떻게 동기부여를 할 것인가?

구성원들에게 동기부여를 한다는 것은 착각이다. 실제로는 그들을 조종하고 있는 것이다. 누군가가 무슨 일을 해야 하는 이유를 생각해내어 내가 옳다는 것을 그 사람에게 설득시킨다면 그것은 조종이기 때문이다.

이러한 동기부여는 구성원들의 열정을 이끌어내는 데 아무런 소용이 없다. 누군가에게 진정으로 동기를 부여하려면 그가 자기 자신에게 중요한 이유를 위해 일할 수 있는 상태를 만들어주어야 한다. 다시 말하면, 구성원들이 스스로 동기를 찾아갈 수 있는 환경을 조성해주어야 할 것이다.

6.

조직문화를 혁신한다

조직은 사람과 사람이 결합되어 생긴 집단으로, 그들의 고유한 기업문화가 형성된다. 이 조직문화의 형성과 혁신에 결정적 역할을 하는 것이 리더십이다.

리더의 경영방식이 도전적이고 창의적일 때, 그 조직의 목적과 비전은 변화를 추구하고 조직문화 또한 도전적이 된다.

조직변화를 성공으로 이끌기 위해서는 문화의 혁신이 중요하다. 예를 들어, 길동기업이 어려운 문제를 겪고 있다고 하자. 아직도 과거의 화려한 판매성과를 보이기는 하지만, 최근에 핵심인력의 유출이 심하고, 판매가 침체되어 수익이 현저하게 줄었다고 하자.

이 경우, 당신의 조직은 어떻게 조직을 변화시킬 것인가? 판매 악화를 판매방법의 기본적 변화로써 어려움을 해결하거나, 조직 문화의 혁신으로 해결할 수도 있을 것이다. 문화를 혁신하는 방법을 살펴보자.

앞의 길동기업 직원들이 변함없이 열심히 일하고 있으며 상사의 지시를 충실히 따르고 있고, 경영진들 판매악화를 오래된 관행에서 비롯된 것으로 보았다. 이에 사장은 조직에 헌신적이고 높은 업무성과를 보이는 직원들을 대상으로 그들의 의식을 조사하여 조직의 문제를 재확인하고, 다음의 조치를 취하기로 한다.

기본적으로 문화의 변화에 최우선을 두기로 하였다. 세부적으로는 다음의 4가지 방법을 취하기로 하였다.

첫째는 직원들의 사기를 높이기로 하였다. 자신에게 주어진 목표를 달성한 개인과 팀에게 상을 수여하고 축하행사를 열어준다. 회사가 이루고 싶어 하는 모든 종류의 변화를 달성하는 것을 축하한다. 수상 프로그램의 목적은 회사가 강조하고 싶은 핵심적 기화가 있을 때마다 강화하면 된다. 그리고 직원들에게 회사의 윤리에 따른 생활을 일깨워주기도 한다. 자선활동 프로그램, 갑작스러운 문제로 고통받는 직원 돕기 행사, 직원 자녀의 교육비 지원 등이 그것이다.

둘째는 변화가 필요한 문화를 바로잡는 것이다. 인기상품과 별도로 수익성이 높은 상품을 알려주어, 사업가로서의 발상전환을 하도록 돕는다. 이를 위해, 각 직원이 회사의 수익성에 기여하는 방식을 간단히 서술하도록 하는 개인별 경제적 가치(Individual Economic Value)의 개념을 도입하였다. 이는 직원들이 IEV를 통해 자신이 바로 회사의 성과를 달성하는 중요한 사람이라는 사실을 인식시키고 널리 알리기 위한 것이다.

셋째는 성과의 측정방법의 고안이다. 성과를 측정할 수 있을 때, 지속적인 개선이 가능하다. 성과를 측정할 수 없으면 지속적인 개선을 기대할 수 없다. 성과의 측정이 가능하도록 방법을 고안하고 개선하여야 한다. 지속적 개선을 이루기 위해서는 성과의 측정이 필수적이다.

넷째는 혁신팀의 활동이다. 혁신을 이끌어갈 소수의 팀원들이 아이디어를 내고 그것을 소집단에서 문화변화를 일으켜, 그것을 조직 전체로 확산시키는 팀이 혁신팀이다. 이들은 변화의 멘토 역할을 한다. 변화하도록 직원들을 지원하고, 짜증거리를 제거하기 위한 도전을 하는 등 조직의 변화를 이끌어낸다.

창의력을 깨우친다

창의력이란 어떤 가능성이든 자유롭게 상상할 수 있는 마음이다. 우리 모두는 이 창의력을 발휘하면서 즐겁게 시간을 보낼 수 있는 능력을 갖고 태어난다. 어린이는 가장 창조적인 인간이다. 어린이는 자유롭게 창조적으로 생활하면서 시간을 즐겁게 보낸다.

그러나 어른은 다르다. 어른이 되기 시작하면서 창의력은 구석에 처박혀서 묻히고 있다. 많은 조직들은 그들의 직원들이 가치 있는 아이디어를 가지고 있지 않다고 생각한다.

이들은 직원들의 창조적인 아이디어를 인정하지 않음으로써 무한한 혁신적인 잠재력을 낭비하고 있다. 이들이 어린이처럼 자유로운 생활을 하기 위해서는 구석에 처박혀 있는 창의력을 찾아내어야 한다.

어떻게 하면 그들의 창의력을 발휘하도록 할 것인가? 어쩌면 '당신은 아이디어를 어떻게 얻는가'라는 질문이 더 적절한지 모른다.

창의력은 창조적인 작업방식을 통하여 아이디어를 얻을 수 있다. 이렇게 해보고 저렇게 해보고 하는 모든 것이 창조적인 사고이다. 창조적인 사고를 통하여 창의력이 발휘된다.

보수적인 조직에서 창의력을 발휘하는 것은 쉽지 않다. 과거 경영자들은 직원들이 아닌 자신들이 혁신적인 아이디어의 원천으로 여겼다. 그러나 실제로 조직에서 아이디어를 내고 문제를 해결하고 변화를 추구하는 것은 다름 아닌 구성원들이다.

창의력은 기다림

망아지를 타기 위해서는 망아지의 본능을 이해하고 그것에 따라 훈련을 시켜야 한다. 망아지의 움직이려는 본능을 이해하는 것이 훈련의 핵심이다. 그리고 망아지는 어미만 움직이게 하면 저절로 따라온다. 힘을 사용하지 않고도 그저 망아지의 본성을 이용하기만 하면 된다.

이처럼, 기다림의 시간을 통해서 사람은 말에게 신뢰를 줄 수 있다. 나는 너와 함께 뛰어다니고 싶다는 생각을 망아지에게 심어주어야 한다.

조직변화도 이와 마찬가지이다. 경영자는 구성원들에게 기다림의 시간을 통해서 신뢰를 주며, 당신들과 함께 조직을 변화시키고 싶다는 생각을 심어주어야 한다.

구성원들이 변화를 하면서 아이디어 회의가 이루어지고 목표가 정해지면, 그곳에 참여하는 모든 사람이 상황에 익숙해질 때까지 가만히 있어야 한다.

구성원들이 변화에 참여하게 되면, 변화의 방향은 정해지기 마련이다. 이때 중요한 것은 경영자가 무엇을 가지고 판단하려고 하여서는 안 된다는 것이다.

경영자의 리더십은 구성원들의 뒤에서 지원해주는 것이지, 그들 앞에서 끌어당기는 것이 되어서는 안 된다. 변화의 에너지는 구성원들의 뒤쪽에서 그리고 아래쪽에서 나온다.

말과 사람이 한마음이 되어 자유롭게 행동할 수 있는 것처럼, 변화의 아이디어를 얻기 위해서는 서로가 편안함을 느낄 수 있어야 한다.

그러기 위해서는 서로를 알고 이해하고, 정신적 교류를 통하여 신뢰할 수 있을 때까지 시간이 필요하다. 경영자와 구성원 서로가 교감을 느끼고 신뢰감을 형성할 때, 변화의 성과를 얻을 수 있다.

아이디어의 실행

경영자는 구성원들에게 조직을 믿으라고 해서는 안 된다. 경영자는 구성원들을 믿어야 하며, 그들이 아이디어를 촉진할 수 있도록 격려해야 한다.

아이디어를 촉진하고 창의력을 발휘하기 위해서는 말단 직원에서 경영진에 이르기까지 모두가 아이디어를 내고 신속하게 실행에 옮길 수 있어야 한다.

경영자가 구성원들을 신뢰하고 말과 행동이 일치함을 보일 때, 조직이 원하는 아이디어, 멋진 아이디어를 얻을 수 있다. 우리 인간은 아이디어를 원하는 방향으로 발전시켜 나갈 수 있다. 당신이 아이디어를 사랑함으로써 그것은 변화를 한다.

당신이 아이디어를 사랑하게 되면, 그것은 자기 것이 되어 뒤에 어떻게 변화하는지 관심을 가지게 된다. 아이디어를 사랑하라는 것은 자신의 아이디어가 뒤에 어떻게 변화하는지 그 과정을 즐기라는 것이다.

어떤 아이디어를 실행에 옮기기 위해서는 그것들을 모으고 합치거나 또는 새로운 무언가를 만들어야 한다. 아이디어의 실행에서는 하나의 특정 아이디어에만 매달려서는 안 된다. 한 가지 개념의 아이디어는 그것의 흐름을 제한할 수가 있다.

아이디어 회의에서는 "안 돼"라는 말은 사용하지 말아야 하며, 나쁜 아이디어라는 개념도 없어야 한다. 모든 가능성을 열어두고 효과적으로 아이디어를 전개시킬 수 있을 때, 아이디어의 실행 가능성은 높아진다.

만일 당신이 생각해낸 아이디어가 혁신적이어서 기존의 사고방식이나 현재 상태를 크게 변화시키는 것이라면, 전체가 아닌 작은 일부분만을 보여주어야 한다. 이는 마치 토끼에게 한입에

먹을 수 있는 크기의 홍당무를 주었다가, 뒤에 큰 먹이를 내미는 것과 같다.

당신의 아이디어 전체가 아닌 일부분을 보여주어, 구성원들이 홍당무 한 입씩 맛을 보게 한 다음에 큰 그림이 가진 힘을 깨닫도록 하여야 한다. 갑작스러운 큰 변화의 제시는 구성원들을 두렵게 만든다.

그리고 관리자들이 문제 해결에 필요한 새로운 기술(업무스타일, 경험 등)을 개발하고 장려하는 노력을 할 때, 구성원들은 그들의 아이디어가 중요하고 환경을 받으며 실행에 옮길 수 있으리라고 생각하게 될 것이다.

8.
창의력을 배양한다

우리 모두는 창의력을 가지고 있다. 다만 그것을 발휘하는 사람이 극소수일 뿐이다. 우리 모두는 창의적이다. 창의적이 되기 위해서는 창조적이 되는 방법을 알고 훈련을 받아야 한다.

멘토링

성공한 내가 다른 사람들에게 도움을 주는 방식의 멘토링 관계와 이를 통한 전통계승의 문화는 창의력 배양에 많은 도움을 준다. 멘토는 모든 질문에 해답을 주지는 않는다. 하지만 "왜 이렇게" 해야 되는지를 반문하여 스스로 방법을 찾아내도록 만든다.

질문과 질문

질문과 질문, 끊임없는 질문은 창의력 배양에 효과적이다. 창의력은 때때로 창의력으로 인식되지 않는다. 하지만, 모르는 것을 질문하고 질문하는 사이에 창의력이 발휘되는 것이다.

이미지 언어의 사용

당신의 아이디어나 생각을 한눈에 전달할 수 있는 방법은 창의력 배양에 많은 도움을 준다. 디즈니는 전체 설계부터 음향이나 소품에 이르기까지 모든 면에서 관객들과 소통할 수 있는 방법을 찾는다.

이를 위해 관객들이 좋아하는 이미지의 색상이나 모양을 그들에게 제시하여 감정적 반응이 일어나도록 한다. 이미지를 창조할 수 있는 도구를 찾아야 한다.

팀원

좋은 팀원의 선발은 팀워크를 낳고, 좋은 팀워크는 창의력을 배가시킨다. 결국 팀원의 선발이 창의력에 영향을 미친다. 팀원

의 선발은 개인들의 집합을 넘어 하나의 공동체를 이루어내야
강력한 팀이 만들어진다. 가장 성공적인 팀은 비난이나 원망의
대상을 찾지 않고, 모든 승패를 팀원들이 함께 공유한다.

변화전담팀을 구축한다

조직변화에서 최고경영자의 역할은 매우 중요하다. 하지만, 최고경영자가 조직변화의 과정에 필요한 모든 일을 할 수는 없다. 따라서 조직변화를 주도할 전담팀(일명 혁신팀)의 구축이 필요하다.

변화전담팀은 업무, 제도, 규정, 예산 등이 기존의 관료적 통제로부터 자유로워야 하며, 창의적 분위기에서 일할 수 있도록 해주어야 한다.

그리고 변화전담팀의 구성원은 변화와 관련된 조직 내 각 분야 전문가들의 자발적인 참여를 통해 선발하는 것이 바람직하다.

조직변화를 성공적으로 이끌어가기 위한 변화전담팀의 역할은 다음과 같다.

첫째, 변화에 대한 상황을 설정하고 지침을 제시하는 것이다. 이는 최고경영자의 비전과 기업의 경쟁력 상황을 모든 구성원이 알 수 있도록 전파하고, 구성원들과 팀의 활동이 기업이 지향하는 방향과 일치할 수 있게 해주는 것을 말한다.

둘째, 부서·계층 간 의사소통을 활성화할 수 있도록 자극하는 것이다. 다양한 의사소통의 경로와 장을 제공해주고, 이를 통해 관련 의사소통이 이루어지도록 한다.

셋째, 필요한 자원을 적절히 지원하는 것이다. 이를 위해서는 변화 전담팀이 변화 관련 과업을 추진하는 데 필요한 자원을 할당하는 권한과 불필요한 과업이나 프로젝트를 없애는 권한 등을 가져야 한다.

넷째, 문제 해결의 대안을 같이 창조하는 기회로 제공하는 것이다. 조직의 모든 구성원이 미래를 함께 창조할 수 있는 진정한 기회를 갖도록 해주어야 한다. 따라서 변화전담팀은 구성원들에게 필요한 정보를 제공해주고, 활동의 기회를 갖도록 지원해주어야 한다.

아래의 사례는 우리나라 공공기관의 변화(혁신)를 보여준다. 이것을 보면 조직이 진정으로 의도하는 변화는 이루어지지 않고 있다. 다만 학습조직(학습동아리)을 통하여 조직이 당면한 문제들을 하나씩 개선해가는 질 개선 활동을 추진하고 있다. 이러한 조그만 변화의 성공을 경험하면서 조직이 의도한 변화를 이루어가면 될 것이다.

KOTRA의 변화

대한무역투자진흥공사(KOTRA)는 2000년까지 고객 만족도 및 공기업 경영평가에서 항상 최하위를 맴도는 문제아였다. 그것은 한마디로 공기업은 망하지 않는다는 인식이 팽배해 있었기 때문이다.

이러한 KOTRA가 오늘날 대표적인 공공기관의 혁신사례로 꼽힌다. KOTRA가 어떻게 단기간에 혁신에 성공할 수 있었을까. KOTRA의 혁신이 성공하게 된 배경에는 기관장의 강력한 혁신 점화 활동과 전 직원의 적극적인 동참이 뒷받침되었기 때문이다.

KOTRA는 혁신의 시작단계에서 조직 내 핵심인력을 중심으로 하는 강력한 혁신추진팀과 Change Agent를 구성하였다. 혁신추진팀을 통하여 조직의 위기상황을 직시하고 혁신하지 않으면 KOTRA도 공멸할 수 있다는 메시지를 전 구성원에게 일관되게 반복적으로 전달하였다.

부천시의 변화

경기도 부천시는 '만족도 UP 추구 행정서비스 경쟁체계'를 도입해 혁신을 위한 학습동아리를 구성하도록 하고 동아리 간 혁신 경쟁체제를 도입해 많은 성과를 보고 있다.

그중 대표적인 사례는 2010년 최우수 사례로 선발된 부천시 소사구 총무과 직원 27명으로 구성된 '이心전心'이라는 동아리다. 동아리 명칭은 "마음과 마음으로 서로 뜻이 통하다"라는 뜻으로 공무원이 최선의 마음으로 고객을 대하면 상대방도 그 마음을 느껴 고객 감동으로 이어진다는 의미다.

안동의료원의 변화

안동의료원은 지방의 38개 공공의료기관 중 몇 안 되는 흑자를 기록하는 병원이다. 하지만, 과거에는 경직된 조직문화, 변화에 대한 인식 부족이 있었다.

이런 문제점들을 해결하기 위해 직원들을 조직의 개선활동에 참여시키고 그 경험을 조직 전반에 확산시킴으로써 조직의 점진적인 변화를 이끌어내어 오늘에 이르고 있다.

안동의료원의 조직변화는 학습조직을 형성하여 그들이 직접 문제점을 찾아서 해결하고, 이를 통해 조직변화의 가능성을 인식하기 시작한 후에, 조직 전반에 걸쳐서 점진적이면서 지속적으로 개선활동이 일어나게 되었다.

조직변화는 변화를 디자인할 프로젝트 조직인 디자인팀의 구축에서 시작되었다. 여기에서 조직의 당면문제를 확인하고 해결이 필요한 과제를 선정하고, 그것의 현황파악과 원인분석을 하여 해결안을 도출하였다. 해결안을 중심으로 조직에서 무엇을 변화시킬지를 결정하였다.

10.
변화를 이끄는 리더의 오류 및 제언

현대는 과거와 다르게 환경변화의 속도가 빨라, 조직변화의 필요성이 커지고 있다. 조직이 변화하면 현재의 조직상황이 변화하게 된다. 조직의 상황이 바뀌면 기득권이 사라지고, 기존 업무 처리 방식에 혼란이 오기 때문에 사람들은 조직변화를 두려워한다.

이러한 두려움으로 필요한 조직변화가 지연되어, 그 결과 조직의 효율성이 저하되거나 비용이 증가하기도 한다. 최근에는 조직변화의 주기가 단축되고 있다. 대부분의 기업이나 대기업의 각 부서는 적어도 1년에 한 차례 이상 어느 정도 조직변화를 추진하고 있으며, 4~5년에 한 번은 대규모 변화를 추진할 필요성을 느끼고 있다.

이러한 상황에서 조직변화를 추진하는 기업의 관리자들이 알아야 할 사항들을 소개하고자 한다. 먼저 성공적인 조직변화를 위한 요령은 다음과 같다.

- 관리자들이 각 대안의 강점과 한계를 고려하여 접근한다.
- 조직의 상황을 현실적으로 평가하여 적절한 대안을 선택한다.

리더의 오류

리더들이 조직변화를 추진하는 과정에서 저지르는 오류가 있다. 하나는 제한된 변화의 방법만을 사용한다는 것이고, 다른 하나는 전략과의 연계가 없이 변화를 진행한다는 것이다.

제한된 변화 방법의 사용: 변화를 추진하는 관리자들이 가장 흔히 저지르는 실수는 조직이 실제로 직면한 상황과 무관하게 한 가지 방법만 사용하거나 제한된 방법 몇 가지만을 사용하는 것이다. 경험적 사례를 볼 때, 수많은 관리자들이 이러한 문제점을 안고 있다.

종종 직원에게 강요하는 비정한 상사, 끊임없이 부하 직원들의 참여를 유도하고 도움을 주려는 사람 중심의 관리자, 항상 사실을 조작하고 상대를 설득하려고 드는 냉소적인 상사, 교육과 의사소통에 전적으로 의존하는 지적인 관리자, 항상 협상을 하려 드는 변호사 같은 관리자 등이 그러한 예이다.

전략과 연계되지 않는 방식으로 변화를 진행: 관리자들이 흔히 저지르는 또 다른 실수는 하나의 뚜렷한 전략과 연계되지 않고, 일관성 없는 방식으로 변화에 접근하는 것이다.

일관성 없는 전략을 바탕으로 조직을 변화시키려는 노력을 하게 되면, 몇 가지 문제점이 발생할 수 있다. 예를 들어, 사전에 명료하게 계획을 세우지 않은 상황에서 신속하게 변화를 진행하다 보면 예기치 못한 문제가 발생해 계획이 수포로 돌아갈 수 있다. 또한 많은 사람이 개입된 상황에서 빠른 속도로 변화를 진행하려다 보면 변화가 정체되거나 참여가 줄어들 수 있다.

변화 전략의 선택

조직이 본격적으로 변화를 진행해야 하는 상황이 되면, 리더는 변화의 속도를 결정하여야 한다. 이때 리더들은 변화를 위한 노력의 속도, 사전계획의 정도, 다른 사람들의 개입 여부, 다른 접근방식 등을 고려하여 어느 정도로 조직변화를 추진할 것인가에 대해 전략적 결정을 내려야 한다.

리더들이 선택할 수 있는 변화의 전략이 하나의 연속체 위에 놓여 있는 경우를 생각해보자. 만일 변화의 속도를 빠르게 추진하고자 한다면, 변화의 계획은 명확하여야 하고, 다른 직원들의 개입은 거의 없어야 하며, 어떤 저항도 극복할 각오가 되어 있어야 한다.

반대로 변화의 속도를 느리게 추진하고자 한다면, 초반에는 변화계획이 상대적으로 명확하지 않아도 되며, 변화를 주도하는 세력 이외에 많은 사람의 개입이 있게 되고, 저항을 최소화하기 위한 시도를 하게 된다.

<hr>

전략의 연속체

←   →

빠르다.			느리다.

- 계획이 명확하다.	- 초반에 명확한 계획이 없다.
- 다른 직원들의 개입이 거의 없다.	- 다른 직원들의 개입이 많다.
- 어떤 저항도 극복할 각오가 있다.	- 저항을 최소화하기 위한 시도를 한다.

고려할 조직상황의 변수

<hr>

따라서 변화의 속도를 빠르게 추진하게 되면, 변화는 강압적인 성격을 보이며 다른 방법, 특히 '참여'를 활용하지 않게 된다. 반대로 변화의 속도를 느리게 추진하면 변화에 대한 저항을 최소한으로 줄이기 위한 전략이 된다.

구성원들이 변화를 두려워하여 저항이 발생할 가능성이 크다면, 그들에게 기술교육 프로그램을 제공하면서 속도를 조절하여야 할 것이다.

그리고 눈앞에 닥친 위기를 피하고 싶다면 저항이 심하더라도 빠른 속도로 변화를 추진하는 것이 바람직할 것이다.

조직에서 이러한 변화전략을 선택할 때는 조직이 처한 상황을 고려하여야 한다. 변화를 이끄는 리더가 고려할 조직의 상황요인은 다음과 같다.

- 예상되는 저항의 정도와 종류
- 변화를 주도하는 세력의 지위와 저항하는 세력의 지위
- 변화의 설계에 필요한 정보 및 변화의 행동역량을 보유한 직원
- 변화와 관련된 이해관계자

리더를 위한 제언

조직변화의 사례들은 성공적인 조직변화를 이끄는 리더에게 상황요인의 분석, 변화의 속도결정, 저항의 관리방법 등을 조언한다. 구체적인 내용은 다음과 같다.

상황요인의 분석: 변화에 대한 구성원들의 저항이 어느 정도이며, 어떤 형태로 나타날지를 분석하여야 한다. 변화의 프로그램을 설계하기 위해서는 변화에 대한 저항세력의 파악과 그로 인한 문제점, 문제 해결에 필요한 속도와 변화의 종류 등을 파악하여야 한다.

적합한 변화의 속도: 변화에 적합한 속도를 결정하여야 한다. 만일, 극심한 저항이 예상되거나, 저항을 주도하는 세력보다 변화를 주도하는 세력의 힘이 약하거나, 변화를 달성하기 위해 다른 사람들에게 정보를 얻어야 하는 경우에는 변화의 속도를 늦춰야 한다.

필요한 변화를 만들기 위한 분석: 변화에 저항할 가능성이 있

는 대상과 그것의 정도, 변화설계에 필요한 정보를 가진 사람, 변화의 도입에 필요한 협력자, 변화를 주도하는 관리자의 입지 등의 질문에 대한 해답을 찾아야 한다.

저항을 관리하는 방법의 모색: 구성원들에게 변화에 대한 정보의 제공이 안 되어 그들이 저항한다면, 변화가 필요한 이유를 설명하기 위한 교육을 시행해야 한다. 대상자가 많다면 시간이 많이 걸리겠지만, 일단 교육을 받고 나면 변화를 지지하는 구성원들이 늘어날 수 있다.

그리고 직원들이 변화에 적응하지 못하여 저항을 한다면, 그들에게 기술 훈련을 받을 수 있는 기회를 제공하면서 감정적인 지원을 하면 된다.

또한 영향력이 있는 개인이나 집단이 변화로 인해 무언가를 잃게 될까 봐 저항을 한다면 협상을 활용하여야 한다. 변화를 받아들이는 대가로 인센티브를 제공하는 것이다. 금전이 소요되기는 하지만, 손쉽게 저항을 없앨 수 있는 방법이다.

에필로그(epilogue)

조직은 쉽게 변하지 않는다. 정치인은 흔히 자신의 의지대로 조직을 바꿀 수 있다고 말한다. 그러나 그것은 무지의 소치이다. 조직은 경영자 자신의 의지대로 변화되지는 않는다. 그렇게 되면 조직변화는 실패한다. 조직의 변화는 구성원들의 변화에서 시작된다. 구성원들이 저마다 자신의 위치에서 자신의 행동을 변화시킬 때 이루어진다.

조직을 변화시키는 주체는 경영자가 아닌 구성원들이다. 경영자는 다만 변화의 방향을 잡아주고 구성원들이 변화를 주도할 수 있도록 변화의 에너지를 불어넣을 뿐이다.

험난한 강을 건너야 행복이 있다고 하자. 행복은 조직이 의도하는 변화이다. 이 변화를 받아들여야 행복을 찾을 수 있다고 하자. 행복을 찾기 위해서 당신은 어떻게 할 것인가?

먼저, 변화에 대한 간절한 열망이 있어야 하고, 그것을 지탱해주는 결단력과 자발적 의지도 있어야 할 것이다.

우리는 누구나 변화를 맞이하면 당황하고 혼란에 빠진다. 이 혼란은 두려움을 낳는다. 두려움은 자신의 성장과 변화를 가로막는 적이다. 이 적을 물리치는 힘이 곧 용기이다. 용기는 두려움이 없는 상태가 아니라, 두려움에도 불구하고 행동하는 것이다. 이것이 진정한 용기이다.

다음은 결단이다. 현재에 머무를 것인가 아니면 미래의 변화에 뛰어들 것인가? 최상의 삶을 위해서는 변화가 필연적이다. 변화를 위한 선택의 순간을 포착할 수 있는 사람은 스스로 변화할 준비가 되어 있는 사람이다. 삶은 자신이 의도한 대로 살아갈 수 있을 때 비로소 내 것이 된다.

자신이 의도한 삶을 살기 위해서는 자신이 어느 길로 가야 하며, 무엇이 되고 싶은지 알아야 한다. 이를 위해서는 자신의 마음속으로 들어가서 자신의 마음이 가리키는 곳이 어딘지 물어보아야 한다. 그것을 알려주는 것은 바로 자신의 비전이다. 비전이 자신이 어디로 가고자 하는지 알려준다. 당신의 비전은 무엇인가?

이러한 도약의 준비가 끝나면 변화를 위한 점프를 해야 한다. 그런데 막상 점프를 하려면 두려움이 앞선다. 이때 격려의 말이 필요하다. 말은 신념을 낳고 신념은 행동을 낳는다고 하였다. 강을 건너겠다는 신념이 있으면 그것을 행동으로 옮길 수 있다. 이것이 진정한 변화의 위대함이다.

점프를 하여 강을 성공적으로 건너려면 자신이 그릴 포물선의 궤도를 면밀히 계산하여야 한다. 그러나 예상하지 못한 일이 일어나면 강에 추락하게 된다. 자신이 강물에 빠지면 강물의 흐름에 몸을 맡겨야 한다.

강물의 흐름에 몸을 맡겨서 강을 건너는 것이 자신이 의도한 삶을 살아가는 것이다.

강을 건넜다는 사실보다 그것에 이르는 과정에서 우리는 행복을 느낀다. 행복은 목적지가 아닌 그 과정인 것이다. 행복을 찾는 데 걸리는 시간은 영원일까 아니면 순간일까? 이것에 대한 답은 우리 스스로 찾아보자.

박주희 ————————————————————————————————————

한국외국어대학교 대학원 졸업(경영학 석사)
동아대학교 대학원 졸업(경영학 박사)
(주)삼부파이낸스 연구위원
인제대학교 보건관리학과 강사
부산가톨릭대학교 병원경영학과 강사
부산가톨릭대학교 보건과학대학원 강사
대전대학교 보건스포츠대학원 강사
고신대학교 보건대학원 외래교수
한국직업능력개발원 Best-HRD 인증심사위원
한국산업인력공단 Best-HRD 인증심사위원
현) (주)항도창업컨설팅 전문위원

『Best-HRD의 이해』(2008)
『신인적자원개발』(2009)
『학습조직 & 학습동아리 가이드』(2010)
『인재육성의 길』(2011)

변화하는
Organizational Change
조직이 성장한다

조직변화의 성공적 운영을 위한 가이드

초 판 인 쇄 | 2012년 7월 10일
초 판 발 행 | 2012년 7월 10일

지 은 이 | 박주희
펴 낸 이 | 채종준
펴 낸 곳 | 한국학술정보㈜
주 소 | 경기도 파주시 문발동 파주출판문화정보산업단지 513-5
전 화 | 031) 908-3181(대표)
팩 스 | 031) 908-3189
홈 페 이 지 | http://ebook.kstudy.com
E-mail | 출판사업부 publish@kstudy.com
등 록 | 제일산-115호(2000. 6. 19)

ISBN   978-89-268-3466-4 93320 (Paper Book)
        978-89-268-3467-1 95320 (e-Book)

이담 Books 는 한국학술정보(주)의 지식실용서 브랜드입니다.